正信的佛教

圣严法师 著

图书在版编目（CIP）数据

正信的佛教/圣严法师著.
—北京：华文出版社，2015.12
ISBN 978-7-5075-4393-3

Ⅰ. ①正…　Ⅱ. ①圣…　Ⅲ. ①佛教-通俗读物　Ⅳ. ①B94-49

中国版本图书馆 CIP 数据核字（2015）第 175987 号

正信的佛教

作　　者： 圣严法师
责任编辑： 杨　宁
出版发行： 华文出版社
社　　址： 北京市西城区广安门外大街 305 号 8 区 2 号楼
邮政编码： 100055
投稿信箱： kaiyu118@163.com
电　　话： 总编室 010-58336239　责任编辑 010-58336258
发行部 010-58336270
经　　销： 新华书店
印　　刷： 北京龙跃印务有限公司
开　　本： 710×1000 1/16
印　　张： 13
字　　数： 120 千
版　　次： 2015 年 12 月第 1 版
印　　次： 2015 年 12 月第 1 次印刷
标准书号： ISBN 978-7-5075-4393-3
定　　价： 30.00 元

自 序

佛教在世界性的各大宗教和思想之中，显得非常特殊。凡是宗教，无不信奉神的创造及神的主宰，佛教却是彻底的无神论者；唯物思想是无神论的，佛教却又坚决反对唯物论的谬误。佛教似宗教而又非宗教，似哲学而又非哲学，通科学而又非科学。这是佛教的最大特色。

然而，佛教自印度传入中国，虽已有了一千九百年的历史。中国的整个文化，也都接受了佛教文化的熏陶。佛教的根本精神，却因为民间固有的习俗加上神道怪诞的传说而湮没。故到晚近以来，许多略具新知的人们，竟把佛教看作充满了牛鬼蛇神的低级迷信，也以为佛教的存在，不过是旧社会给我们留下了一截尚未蜕化掉的尾巴而已。

因此，促使我根据个人的研究所得，配合时代思想的要求，并参考了太虚大师及印顺法师的一部分见解，想到了七十个看来浅显而实际重要的问题，期能帮助读者，略窥佛教的真貌。

本书的主要对象，虽是尚未信佛的知识分子，但它也是今日一般佛弟子们应当明白的佛教常识，故自《菩提树》杂志连载以后，颇得好评，且有读者希望早日单印流通，因此予以重行增订。今承星云法师的佛教文化服务处热心出版，谨此志谢。

释圣严

佛灭纪元二五〇九年元旦序于朝元寺璎珞关房

再 序

本书《正信的佛教》，初稿刊于1963、1964年间的《菩提树》月刊。初版单行本问世，是1965年元月，由佛教文化服务处发行。在迄今的十七个年头之间，由于受到教内外及海内外广大读者的喜爱，有许多印经会及佛教关系书店，包括中国台湾、中国香港等地，将之大量原版影印、打字照相及排字重印，多系赠送结缘，亦有定价流通，总计约十数万册上下。在我写的二十多种著述之中，乃是流通最广的一种。1978年12月，中华佛教文化馆及天华出版社同时再版，所不同者，文化馆版加了附注十七条，印了3000册，虽也定价流通，多半仍是赠送。以如此长的时间，尚未被人遗忘，已经值得告慰，但以总发行量而言，仍不能算是一本畅销书。由此可以了解，大家的读书风气还不够旺盛，佛教徒中具高昂求知态度的人，依然不够普遍。

1975年8月，以海外学人身份，来出席“国家建设会议”时，当时任“教育部”次长的陈履安先生，很希望约我作数日长谈，由他提出一百个现代知识分子对于佛教信仰及佛学理论方面常常遇到或想到的问题，请我解答，公之于世，我也觉得这是一项很有意义的工作。可惜，会后我又出去了，履安先生也尚未能够抽出时间来实践此一构想。故在新的百问未成之前，仍以本书的七十问，献给读者。

释圣严

1981 年 10 月 10 日于北投中华佛教文化馆

目　录

1

正信的佛教是什么？

事实上，佛教的本质，并没有正信和迷信的分别，佛教就是佛教，佛教的基本内容，到处都是一样。佛教是从大觉的佛陀——释迦世尊的大悲智海之中流露出来的，那是充满了智慧、仁慈、光明、清凉、安慰的一种言教，根据这种言教的信仰而建立的教团形态，便是佛教。

所谓“正信”，就是正确的信仰、正当的信誓、正轨的信解、正直的信行、真正的信赖。正信的内容，应具备三个主要的条件：第一，必须有永久性的；第二，必须要普遍性的；第三，必须是必然性的。换一个方式来说，便是过去一向如此，现在到处如此，未来必将如此。

凡是对于一种道理或一桩事物的信仰或信赖，如果经不起这三个条件的考验，那就不是正信而是迷信。一个宗教的教理，禁不起时代的考验，通不过环境的疏导，开不出新兴的境界，它便是迷信而不是正信。

但也无可讳言的，正信的佛教在大乘教的流行地区，尤其是在中国，一向是被山林的高僧以及少数的士君子所专有，至于民间的正信，始终未能普及。一般的民众，始终都在儒释道三教混杂信仰的观念中生活，比如对于鬼神的崇拜以及人死即鬼的信念，都不是佛教的产物。

2

佛陀是创世主吗?

不。正信的佛教，没有创世主的观念，佛陀是人间的觉悟者，佛陀虽能觉悟世间的一切原理，但却不能改变世间已有的状态；佛陀虽能化度众生，众生能否得度，尚须由众生能否自我努力而决定。

佛陀是最好的良医，能为众生的痛苦诊断处方，服他的药，必定得度，如果不肯服药，佛陀也是爱莫能助；佛陀是最好的向导，能引导众生出离世间的苦海，听从佛的引导，必定得度，如果不从引导，也是爱莫能助。

因此，佛陀不以创世主自居，甚至不希望徒众们仅对佛陀作形式上的崇拜；能够实践佛的言教，就等于见佛敬佛，否则，虽然覲见了当时的佛陀，也等于没有见佛。

所以，佛陀既不是创世主，也不是主宰神，佛陀只能教导众生离苦得乐的方法，佛陀自己虽已离苦得乐，但却不能代替众生离苦得乐。佛陀是大教育家、人天导师，而不是幻术家及魔术师，他用不着骗人家说“代人赎罪”，他是教我们一切要自己对自己负责——“种瓜得瓜，种豆得豆”。

3

佛陀是什么?

佛陀，这是印度古代梵文的音译。

佛陀，含有自己觉悟、觉悟他人、觉悟一切而无所不知无时不觉的意思，所以，又被称为一切智人或正遍知觉。

佛陀，简译为佛，是在我们这个世界，距今两千五百八十九年（公元前623年），他是生于印度迦毗罗卫城的释迦太子，成道之后，称为释迦牟尼。释迦是族姓，意为能仁，牟尼是印度古代对于圣者通用的尊称，意为寂默。这就是佛教的教主。

但是，从释迦牟尼的言教中，使我们明白，在现有历史的记载中，虽然只有释迦一人是佛，可是过去久远以前，这个世界曾经有佛出生，未来的久远以后，这个世界仍将有佛出生，现在的十方世界，也有很多的佛存在。所以，佛教不以为佛陀是独一无二的，佛教承认过去、现在、未来，有着无量无数的佛陀，乃至相信所有的人，所有的有情众生（主要指动物），不论已经信佛与否，将来也都有其成为佛陀的可能，因为佛教相信：佛陀是已经觉悟的众生，众生是尚未觉悟的佛陀。在境界上，凡圣虽有不同，在本质上，佛性一律平等，所以，佛教不将佛陀当作唯一的神来崇拜，也不承认另一个宇宙的创造神的存在。所以，佛教徒是无神论者。

4

宇宙和生命是从哪里来的?

佛教既然不相信另有一个宇宙的创造神，但是宇宙的存在，不容怀疑，生命的存在，也不容否定。

佛教相信：构成宇宙的元素其自性是空的，构成生命的元素其自性也是空的，唯有空性才是永恒不变的真理。所谓永恒，就是没有开始也没有终结；本来如此，就是宇宙和生命的实际情况。

佛教相信：宇宙情态的变化，生命过程的流转，都是由于众生所造的“业力”的结果。

“业力”是指有情众生（动物）使每一桩善或恶的行为，像各种颜色一样，继续不断地熏染到生命的主体——识田中去，再从识田之中，等待外缘的诱导而萌芽生长，正像播种在泥土中，等待日光、空气、水的诱导而萌芽生长，这在佛教称为业力的现行。业的造作是业力现行的因，业力的现行，是业所造作的果，所谓“善恶到头终有报”，就是这个意思的说明。

业，有个人单独造作的，也有与他人共同造作的；有的虽然单独造作，但也可以和他人相同，有的虽与他人共同造作，但也各有轻重不同。因此，业的种类，从大体上说，分有“共业”及“不共业”的两大类。

由于共业，所以感得同样的果报；地球，便是由于地球世界的众生——过去、现在、未来的无数众生的共业所感，而有各类不同的共业，所以也感得各种不同的世界，太空之中，宇宙之间，有着无量无数的世界，它们的成因，都是由于各类不同的无数众生，所造各类不同的共业而成。所以，火星上如果真的有人，火星人的形体，也未必和地球人的形体一样。至于那些无人的星球，乃至那些没有生物存在的星球，虽不是众生活动的舞台，但却也是为了众生活动的舞台而存在；宇宙之间，万事万物，没有一种现象没有其存在的理由。比如，太阳上不可能有生物，但如没有太阳的话，地球上的生物也将无法生存；虽然尚有许多事物，无法用科学的观点证明其存在的理由，但在佛教的解释，一切都是由于众生的业力所感，那就是它们存在的理由。

至于生命在地球上的最初出现，佛教相信是由变化而来，下至单细胞的生物，上至人类，都是一样。地球形成之后最初的人类，是从色界第六天的光音天而来，他们是飞空而来的，那是由于他们的堕落，贪爱了地球上的一种天然食物，吃了之后，身体粗重不能飞行了，就在地上安居下来(《世记经》《大楼炭经》《起世经》等)。实际上，那也是出于他们的业报所致，天福享尽之时，必须来地上随业受报。正像以后所有的众生一样，既然先由共同的业力，感成了一个地球，岂能不来接受地球生活的果报？一旦在地球世界的业报受完，又将往生至应往的他方世界中去。

又由于不共业的理由，虽然同样生在地球世界，品类的高下，也就不同，下至昆虫，上至人类，人类之中，贫富贵贱，上智下愚，也有千差万别。

事实上，共业，也是不共业的分类，比如地球众生的共业与他方世界众生的共业相比，便成了不共业；同样的，不共业，也是共业的分类，比如非洲的黑种人与亚洲的黄种人，是由不共业所感，但因彼此都是地球世界的人类，所以仍由共业所感。以此类推，同在一个国家的人民，也有千差万别，乃至同在一个家庭，兄弟姊妹，也各有各的性格，各有各的成就，各有各的生活感受。

这就是佛教对于宇宙生命的来源及其存在的看法。

5

菩萨怎么讲?

菩萨，这也是梵文的音译，并且是简译，全译是“菩提萨埵”。它的意思，菩提是觉，萨埵是有情；菩萨，便是觉有情。有情是指有情爱与情性的生物，主要就是指动物。菩萨是觉悟的有情，并且也能觉悟一切众生的痛苦，同情一切众生的痛苦，进而解救一切众生的痛苦。所以，通俗都将乐善好施及扶困济厄的人，称为“菩萨心肠”。

菩萨的本义，和民间的观念大不相同，菩萨是信佛学佛之后发愿自度度人乃至舍己救人的人。所以，泥塑木雕的土地城隍牛鬼蛇神，绝对不能称为菩萨。

菩萨是众生成佛的必经身份，众生要成佛，必须先发大愿心，最主要的有四条，称为四弘誓愿：“众生无边誓愿度，烦恼无尽誓愿断，法门无量誓愿学，佛道无上誓愿成。”可见，要成为一个名副其实的菩萨，并不容易。

不过，从最初的发心发愿，直到成佛为止，都可称为菩萨，所以有凡夫菩萨与贤圣菩萨的不同。通常在佛经中所说的菩萨，都是指的圣位菩萨，依《菩萨璎珞本业经》，菩萨共分五十二阶位，只有十二阶位是圣人，那就是从初地到十地，加上等觉、妙觉。其实，妙觉菩萨就是佛，等觉菩萨是即将成佛的大菩萨。我们熟悉的观世音、大势至、文殊、普贤、弥勒、地藏等，便是等觉位的大菩萨。

6

什么叫作大乘和小乘？

本来，在佛的时代，并没有分什么大乘和小乘，佛法是一味的，只是由于说法的对象不同，所说的内容和境界也有不同罢了。

佛对根器浅薄的听众，说做人的根本道理，持五戒，修十善，称为人天乘；对于厌世观念很浓的人，便说解脱生死的方法，称为声闻的小乘；对于根器深厚而有悲愿化世的听众，便是菩萨的大乘。

事实上，佛法共分五乘：人乘、天乘、声闻乘、独觉乘、菩萨乘。修上品五戒十善的生天，中品五戒十善的生人，综合五戒十善，称为人天道；声闻是由于听法修行而解脱生死的，独觉是不由听法无师自觉而得解脱生死的，综合声闻独觉，称为解脱道；菩萨道是既求取解脱道而又不舍人天行的一种法门，所以大乘的菩萨道是解脱道与人天道的综合。

仅在人天道中修持五戒十善的人，尚是凡夫。证了解脱道，不再受生死的人才是圣人，因他们只顾自己乘着佛法而得解脱，不愿回过头来救度其他的众生，所以称为“小乘”。

菩萨上求无上佛道而自己解脱生死，下化无量众生而同离生死苦海，所以称为“大乘”。

从佛教的分布上说，通常说北传的梵文系佛教——以中国为中心而至日本、韩国等地的佛教，是大乘佛教；南传的巴利文系佛教——以锡兰为中心而至泰、缅等国的佛教是小乘佛教。其实，这是北传佛教徒的区分法，南传佛教徒根本否认这种区分法的正确性，因在《根本有部律》卷 45 及《杂阿含经》卷 28 第 769 经，均有大乘之名，那是指八正道的修持者；《杂阿含经》卷 26 第 669 经，以行四摄法为大士；《增一阿含经》卷 19，明白载有大乘的六度。

除了理论境界上的发挥，北传佛教，超过了南传佛教。在佛教生活的实践上，北传地区未必全是大乘的，南传地区也未必全是小乘的；北传的中国佛教，除了素食之外，没有什么可比南传佛教更出色。尤其中国大乘佛学的成就，因为中国老庄思想所形成的玄学清谈，在魏晋时代特别风行，所以上流社会的士君子们，也把佛学当作消遣及清谈的玄理。中国的天台宗及华严宗的理路，确也受有这一风尚的若干暗示，所以近代有一位日本学者木村泰贤，批评中国的佛教是属于学问的佛教，而非实践的佛教，实亦不无理由。

事实上，天台、华严的思想架构，也多出于中国高僧的自悟境界，在印度的佛教思想方面，并没有足够的依据。因此，中国真正的大乘精神，从未普及到民间，更说不上成为中国民间生活信仰的依归了。所以也有人说：“中国的佛教乃是大乘的思想、小乘的行为。”

7

佛教是世界性的宗教吗?

是的，因为佛陀不是某一民族的保护神，佛陀是宇宙的正遍知觉者，佛陀是属于宇宙之所共有。佛陀的正遍觉性，是遍满宇宙的，佛陀的慈悲之光，是遍照一切的。所以，佛教的本质，就是世界性的，乃至是宇宙性的。

因此，两千五百多年以来，佛教已在世界各处，渐渐分布开来。

佛教，在佛陀入灭之后约三四百年之间，由于佛教内部的意见不同，所以分成两大派系，年长而保守的一派称为上座部，年轻而新进的一派称大众部。后来上座部的，向南传，传至锡兰，他们多以印度南方的方言巴利语记录经典，所以后来称为巴利语系的佛教，另一派大众部向北传，虽没有直接产生大乘佛教，但大乘佛教的产生，却在大众部盛行的区域。

这是就大致上的区分，其实，从佛教的史迹考察，最先传至南方如锡、缅等地的，倒是梵文的大乘佛教，所以最先由海路传入中国的南方佛教，便是大乘系的。至于向北方传，小乘佛教的势力，更是事实了。

大乘佛教的源头，是在释迦世尊的时代，但在佛灭之后，很少受到比丘僧团的重视和弘扬，这段暗流一直流了四五百年，才因部派佛教的分歧复杂而有大乘佛教起而代兴的时代要求，先后有马鸣、龙树、无著、世亲等的搜集整理与弘扬发挥，才产生了大乘佛教，这是以印度古代雅语梵文记录的，所以称为梵文系佛教。

中国佛教之传入，是在东汉时代，相当于耶稣纪元的初期。

中国的佛教典籍，多是由梵文原本转译成的。中国的佛教，后来虽然盛行大乘，小乘的经论也译得很多，重要的小乘佛典，中国都有译本。

经过魏晋南北朝而至隋唐的阶段，乃是中国佛教的黄金时代，高僧辈出，中印交流也频繁不绝。在那个阶段，中国的佛教开了花也结了果，小乘大乘，一共开出十三个宗派，渐渐又被融摄为八个大乘宗派，那便是大名鼎鼎的天台宗、华严宗、三论宗、唯识宗、净土宗、律宗、禅宗、密宗。到了五代以后，由于政治的摧残，以及社会环境的驱使，佛教便离开文化中心，进入山林之间，僧人自耕自食，义理的研究用不着了，所以只有不立文字教外别传的禅宗，一枝独秀。在唐宋之间，尚有若干真修实悟的禅师，在简单而朴质的言行之中，感化着许多的人，但也由此而种下了愚昧佛教的远因，以致到宋明以后，佛教的僧徒与寺院虽多，但已没有了灵魂，只是徒有其表的空壳而已！不重教育，只顾依样画葫芦地上殿过堂盲修瞎参，不唯很少杰出的高僧，一般的僧徒，也多没有知识，自行且不知，哪还能化人？因此，僧人的素质，普遍地低落，再加上儒家的排斥，致使民间对于佛教也就越来越不知其所以然了。

清末以来，总算由于杨仁山居士的振作，太虚大师的倡导，以及印光、弘一、虚云等几位大师和欧阳竟无（渐）等的弘化，中国的佛教，才略有了转机，唯因百废待举，举不胜举，故目前台湾地区的佛教，应革应兴的佛教事业，尚在娃娃学步的阶段。

日本的佛教，是由中国及高丽传去（高丽是由中国传去），那是在公元6世纪以后的事，故从本质上说，日本佛教是属于中国型的，但自晚近个把世纪以来，由于接触到了西方的治学方法，故以新方法研究佛学的成绩，不但超过了中国，甚至已经独步世界佛教的先锋。因为日本的学者，既能利用中国佛学的全部宝藏，又能直接从梵文及巴利文中寻找根本佛教的原义，加上新的治学方法，便产生了辉煌的研究成果。虽然，日本佛教在解脱道的修持方面，仍远不及南传各国的清净和理想。

在佛陀入灭之后公元9、10世纪之间，印度婆罗门教的势力抬头，佛教受到无情的摧残，佛教徒为了迎合当时时风，便也采取了婆罗门教（现称印度教）的梵天观念，融摄混合在大乘佛法之中；那些世俗的迷信、民间的习俗，甚至有关男女的房中术等，也都混进了清净的佛教，这时神秘化的大乘密教的应运而生，这也就是印度的第三期佛教。但是，佛教的许多优点被印度教吸收成了他们更加兴旺的营养，而佛教吸收了印度教的低级信仰却变得更加腐朽了！因此，约在公元10世纪的末叶之后，在印度教及回教先后双重的摧毁之下，佛教便于印度境内消失了！历史的记载：自从佛教灭亡之后的印度国势，也就江河日下了，印度人民的生活也就日益困苦了，印度的版图，再也不能统一了，直到1950年，才从英国人的统治下争取到了自主独立；然而，古代的印度，已经多出了巴基斯坦及尼泊尔等的主权国家了。今日在印度境内的佛教徒，虽已得到法律的保障及政府的礼遇，自1951年以来，已在显著地迅速增加，但在将近4亿的全人口之中，占的百分比还很可怜，仅从10.8万增至325万而已。这是要紧的，因为有人控诉，印度的衰弱是由于信仰佛教的缘故。

藏传佛教，其主要的输入，乃是直接引自印度。藏传佛教，虽然同样是大乘，但是仅属于密宗一支，是北印度的莲华生上师传去，当时的西藏，文化落后，信仰多神，神秘而确有灵验的密宗，深受藏人的欢迎，尤其莲华生本人，是一位神迹卓著的高僧。莲华生与于唐代来中国传授密宗的开元三大士——善无畏、金刚智、不空三位大师，同出于龙智菩萨的门下。莲华生在西藏的教团徒众都穿红色衣，但其到了中国的元末明初时代，生活腐败，教纲不振，因此而有宗喀巴大师起来提倡律制的清净生活，注重显教的义理研究，大振宗风，德化全藏。至于蒙古、尼泊尔等地的密教，都是藏传佛教的支流。

佛灭度之后的印度佛教，从大势上说，可分为三个时期：第一时期是从佛灭后到三四百年阶段，是上座部佛教，以今日的锡兰等地为代表；第二时期是从佛灭后三四百年到五六百年阶段，发展了大乘的显教，以今日的中、日等地为代表；第三时期是至佛灭后九百或一千年阶段，开出了大乘密教，以今日的藏传为代表。所谓显教，是偏重于义理的研究阐述；所谓密教，是偏重于仪轨的遵行、咒文的持诵，特别信仰神力的加持。如果换一种方式来说明，那么，第一时期是声闻化的佛教；第二时期是菩萨化的佛教；第三时期是天神化的佛教。今日所需要的，应该是开出第四时期人间化的佛教。

西方的佛教，最先是在德国，叔本华的思想，谁都知道，有着浓厚的印度色彩，是印度教的《奥义书》以及初期佛教的典籍，作了他开发思想的泉源。目前，法国、英国、比利时、奥地利、苏联，以及美国、阿根廷、巴西等都已有了佛教徒的踪迹，但从发展上看，则以德国及美国的佛教最有前途，特别是在美国，南传的、北传的、藏传的佛教都已有了活动，但从欧美两大洲佛教文化的内容而言，南传的佛教确已占着优势，那是由于自公元1505年至1947年之间，锡兰先后被葡萄牙、荷兰及英国占领，锡兰的僧侣，竟也因此找到了通往西方传教的桥梁；大乘佛教对于欧美的贡献，多是日本人的功绩。近世中国在佛教文化的输出方面，则遥远地落在其他国家之后，甚至藏地的僧侣，也比中国内地的佛教徒跑快了几步。虽然今日美国的华侨，信仰大乘佛教，他们却并不知道大乘的教理。

8

佛教的基本教理是什么?

佛教的教典之多，乃是众所周知的事，所以到今天为止，尚无法硬性地指定哪一部或哪几部是代表性的佛经。在中国之所以有许多宗派的出现，大体上是由于所宗经论的立场不同。

不过，佛教的教理，有一个基本原则，那也是释迦世尊对于宇宙人生的特别开悟，悟到一个缘生的道理。

所谓缘生，就是因缘所生，也就是由于各种关系的结合而产生的各种现象。比如一篇文章能够成为文章，能够到达读者的手里，能够使读者明白一些有关佛教的问题，这中间的关系（因缘），看来简单，实际则复杂之极。文字的来源及修养，知识的累进及吸收，作者的健康热忱及见解，加上文具的制造及运用，文稿的检字排版及印刷，邮件的寄发及传递，最后还得有读者自己的兴趣、知识及精神，才能完成一篇文章从作者到读者之间的任务。这种关系（因缘）的举例，尚是粗浅而明显的，若要更进一步考察，每一个关系的单元上，也都连带着许多的关系，这种关系连带关系的现象，便是因缘。事物的出现，是由于因缘的聚合；事物的消失，是由于因缘的分散，这就叫作缘生缘灭。

正因为宇宙间的万事万物，都是缘生缘灭的，都是变化无常的，也就证明一切的现象，都是假有的、暂有的、幻有的；从一个水面的泡沫到整个的世界，乃至太空的星球，都是一样，都不是永恒的。既然不是永恒实在的，就证明是一切皆空的，所以佛教称此道理为“缘生性空”。

佛教，一向被人称为空门，原因就在于此。但是，大家对于佛教的空义，又是误解的多。因为佛教的空，是说没有固定不变的事物，这个空，相当于不实在的意思，而不是不存在的意思。多数人以为空了就一切都没有了，其实，佛教是从缘生（关系）的分析上说明空无实体的道理，正像一辆汽车，如以化学家的眼光去分析，汽车就不实在了，汽车仅是各种元素及关系的结合而已。但从现象来说，当汽车尚未损坏到必须送进大熔炉里重新熔铸的时候，汽车还是汽车。

所以，佛教讲缘生性空，是着重于本质的分析透视，从而警惕我们人是生存在幻妄的境界中，不要为了幻妄的名利物欲而牺牲，这就叫作看破、叫作放下。看破的是现象的幻境，放下的是名利物欲的贪得无厌，而不是否定了现象的存在。所以佛教徒讲本体是空，但仍不能离开幻有现象而存在，因为若无能力解脱生死，终究是在业力的造作与受报之中。业力也是幻有的，但却能够牵引生命的升堕而感受苦乐。

在这里，不要忘了：一切现象的幻现幻有，都是由于众生的业力所感化。因此，若能悟透了缘生性空的道理，便能不受一切幻境的诱逼；不做一切幻境的奴才，而得自由自在，那就是一种解脱生死的功夫。人，一旦不受外在的境界所转，他就可以不造生死之业而能解脱生死或自主于生死了。

这就是佛教的基本教理。

9

佛教的根本教条是什么?

从原则上说，佛教并没有什么教条，如果说有的话，那就是戒律。

但是，佛教的戒律，并不像其他的宗教是出于神意的约命，所以也不像其他宗教的戒律含有神秘性。佛教的戒律，是根据伦理的要求而来，所以也是纯理性的。

佛教的基本戒，就是五戒十善，虽然，佛教的教徒由于修持层次的不同而分有在家的五戒十善、八戒，以及出家的十戒、比丘戒、比丘尼戒，还有大乘的菩萨戒，但是均以五戒十善为基础；也可以说其他各戒都是五戒十善的升格或详细的分科。所以，如能把五戒十善守完善了，其他的戒也就不太困难。

所谓五戒，是指：不杀生、不偷盗、不邪淫（私通）、不妄语、不饮酒。

所谓十善，乃是五戒的扩大与加深，并且要戒作恶也戒不去行善，现在列表如下：

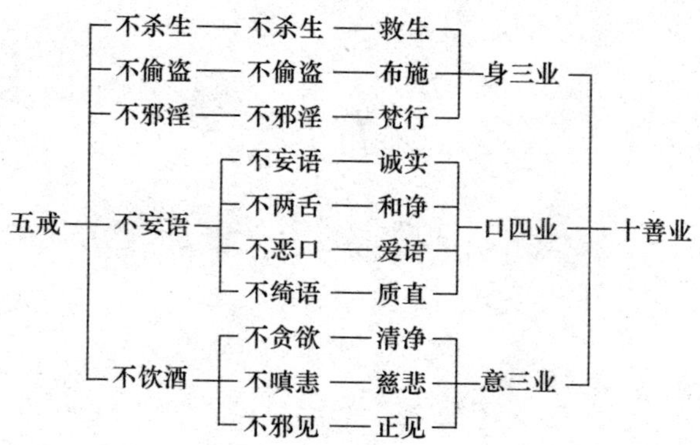

总之，佛教对于戒的要求是诸恶莫作与众善奉行，凡是有害于身心、家庭、社会、国家、人类，乃至一切有情众生的事，都要在这五戒十善的范围之内，尽量不做，否则，就要尽量去做。作了恶是犯戒，不作善也是犯戒。

不过，佛教是开明的。如果不知做的是犯戒的行为，虽做了也不算破戒。如果无心犯戒，虽犯了戒，也不成破戒的正罪；如果存心犯戒，结果纵然没有破戒，还是有罪。如果女人遭受了恶人的强暴，只要女的不感受淫欲的快乐，虽被奸污了，也不算犯戒，仍然是清净。

犯戒，一定要心、境、事三者相应相成，才得破戒的正罪。

10

信仰佛教必须吃素吗？

不。素食虽是佛教鼓励的事，但却并不要求所有的教徒非得一律吃素不可。素食是大乘佛教的特色，是为慈悲一切有情众生的缘故，所以在南传地区的佛教国家乃至出家的比丘，都不坚守素食；藏地的僧侣，有些也不守素食，但他们不亲自杀生。

因为，五戒的第一条就是“不杀生”，信佛之后，如能实行素食，那是最好的事，若因家庭及社交上的困难，不吃素也不要紧，但是不可再去亲自屠杀，也不可指挥他人屠杀了。买了屠死的鱼肉回家，那是无妨的。

11

佛教对于烟酒赌博的看法怎样?

佛教的戒律中并无戒烟的规定，甚至为了防止热带性的疾病，佛陀也准许比丘吸烟，但为了风俗及威仪的理由，中国佛教徒一向是不主张吸烟的。不过，有害身心的麻醉品及刺激品，佛教是禁止的，所以酒是五戒之一。饮酒的本身并非罪恶，酒精的刺激，使人在饮酒之后，却可能引起罪恶的行为。根据这一观点类推，佛教也不容许染上鸦片及海洛因等不良嗜好。至于赌博，根本是劳神伤财与败家丧志的东西，故在佛经中严格禁止（《长阿含经·善生经》）。同时，赌博的本身即是一种欺诈的行为，甚至因此而能犯杀人、窃盗、诽谤、恶口等罪，所以佛教是严禁赌博的。

12

信仰佛教必须出家吗?

不。佛教的宗旨虽在解脱生死，出家虽是解脱生死的最佳途径。但是，出了家的如不实修或修不得法，未必能够解脱生死；不出家的，如能修持，也未必不能解脱生死。小乘佛教是以解脱道为依归的，在家人也可修成小乘的第三果，三果虽未出三界，但也不再受生死，死后上生色界净居天，再证四果阿罗汉，就入解脱之境了。所以在家人证到三果，也就相当于解脱了。

若照大乘佛教的观点来说，为了化度众生，菩萨随类应现，到处化身，经常是化现在家人的身份，所以在有名的大菩萨中，除了地藏、弥勒之外，多数是现的在家相。印度的维摩诘居士及胜鬘夫人，都能代佛说法，但他们是在家人。所以，真正行菩萨道的佛教信徒，那是不一定要出家的。出家人在佛教中的地位崇高，是住持佛教教团而使佛教存在及弘扬的理由，也是教内伦理制度存在的理由。说得明白些，出家的佛教徒是佛教的骨架，在家的佛教徒是佛教的皮肉。在本体上说，出家的重要；从作用上说，在家的重要。因此，信了佛的，可以出家，但却不是必须出家。

13

佛教的信徒共有多少等级?

从本质上说，佛教是主张平等的，所以人人都有信佛的权利，人人都有成佛的可能。但在修行的层次上说，所谓“闻道有先后，术业有专攻”，由于所持戒律的高下等次的不同，佛教徒便有了男女的九种等级，那就是：近事男、近事女、近住男、近住女、沙弥、沙弥尼、式叉摩尼、比丘、比丘尼。

受了三皈五戒（十善）的在家男女，称为近事；受持八戒或住于寺院的在家男女，称为近住；受了十戒的出家男女，称为沙弥及沙弥尼；受了具足（全部）大戒的出家男女，称为比丘及比丘尼；式叉摩尼是佛制由沙弥尼至比丘尼之间的必经过程，但又是被中国佛教久已遗忘的一种名称。

此阶段为时两年，目的是在查验女子曾否怀孕，以及能否习惯出家的生活而设。

至于受了菩萨戒的人，不在等级之中，任一等级乃至异类的傍生，也可受持菩萨戒。

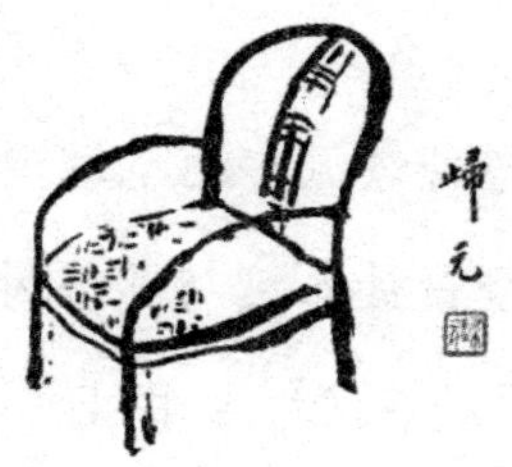

14

怎样成为一个佛教徒呢?

基督教的新旧各种教派，无不重视洗礼，经过洗礼之后，才算是合格的基督徒。这与印度外道以为在“圣河”中沐浴即可除却罪恶的迷信行为相似。[①]

不过，若要加入正信的佛教，成为佛教的教徒，必须经过“三皈”的仪式。这一仪式的重要性，也像国王的加冕、总统的就职，以及党员的入党等，是打内心表现出来的一种效忠的宣誓、一种恳切的承诺、一种渴仰的祈求、一种生命的新生、一种虔诚的皈投，所以这在佛教看得极其重要。否则的话，纵然信佛拜佛，也不是合格的正科生，而是没有注册的旁听生，这对于信仰心理的坚定与否，具有很大的

① 《增一阿含经》卷六《利养品》：有一婆罗门劝佛至孙陀罗江侧沐浴除罪，佛以不与取、不杀生、不妄语、无增减心等告之洗罪。

影响。

三皈的仪式，是请一位出家的僧尼作证，并且教授三皈的内容，那就是：

“我某某，尽形寿皈依佛，尽形寿皈依法，尽形寿皈依僧。(念三遍)

我某某，皈依佛竟，宁舍身命，终不皈依天魔外道。

我某某，皈依法竟，宁舍身命，终不皈依外道邪说。

我某某，皈依僧竟，宁舍身命，终不皈依外道邪众。”

三皈的仪式，简单而隆重，主要是使自己一心一意地皈投三宝、依仰三宝，获取圣洁而坚贞的信心。佛是佛陀，法是佛的言教，僧是弘扬佛法的出家人，从这三大对象的皈依，可以得到现前的身心平安，以及未来的解脱生死乃至成佛之道的无上至宝，所以称为“三宝”，所以信仰佛教也就称为“皈依三宝”。

15

佛教为什么要信仰三宝?

信仰三宝的确是佛教最特殊的内容。佛教，因为是无神论的宗教，所以不把佛陀当作神道来崇拜，也不以为佛是独一无二的，更不以为佛陀能够创造万物或赦免人类的罪恶。

佛教看佛陀，如同学生看老师，老师能教导学生，能使学生改变气质、充实知能、修养身心，却不能代为学习，也不能代替升学。

因此，佛教的信仰是纯理性的，也是纯伦理的。佛教对于佛陀的崇拜，相同于子女对于父母的孝敬，是出于报恩的情怀。一个正信的佛教徒，绝不会是为了避祸致福而崇拜佛陀，佛陀的愿力虽能借着祈祷的心力感应而产生神迹，但主要的还是祈祷者自己，如果是自己的定业现前，纵然祈祷，佛陀也是无能相助。若能依照佛所说的正法而行——如布施、持戒、忍辱、努力、修定、习慧等，便可以改变往昔的业力，或者重罪轻报，或者轻罪消除——因为业力的现行受报，也像种子的发芽生长，须靠助缘的促成。同样一粒种子，遇到阳光、空气、水、土、肥料，以及人工的培植，必然长得快、长得大。相反地，如果缺少这些助缘，乃至没有这些助缘，种子便会长得缓慢瘦弱乃至根本不能发芽了。佛教看善恶因果的造作与受报，也同这个道理一样。所以佛陀的崇高伟大，不是由于造物与赦罪而是由于佛所亲证的解脱之法，并且将此解脱之法说了出来，供给大家去如法修行。修行之后，便可解脱，甚至可跟佛陀一样，使得大家都能成佛。

因此，佛教徒们，往往不愿自称为佛教徒，宁可自称为三宝弟子。因为，佛教的发明者虽是佛陀，佛教所重视的，与其说是佛，倒不如说是法；佛不能代人解脱，法能够使人自行解脱。

崇拜佛陀，是为崇拜佛陀修证说法的恩德。佛陀经过三大无数劫的长期修行菩萨道的结果，亲证了解脱之法，亲证之后，便毫不保留地给我们奉献了出来。所以，这一恩德的崇高伟大，要比世间一切恩德的总和更加崇高伟大到千百万倍——何止千百万倍？简直是无法比喻，也不可思议。

但是，佛法的流布，必须仰赖佛的干部，那就是僧。僧有菩萨僧（如文殊、弥勒、观音、地藏等），有声闻僧（如舍利弗、目犍连、大迦叶等的罗汉），有凡夫僧（如一切持戒清净，自修正法并能说法度众的比丘及比丘尼）。由于僧能把佛陀的正觉解脱之法，传流、传布、传授给了我们，所以为了法的理由，僧的恩德也是无量。

弘扬佛法，不限出家人，在家的佛子同样可以。住持佛法，则非出家的佛子不可。

所谓住持佛法，是指代表佛法、象征佛法，并守持佛法而住于世间的意思。比如一般人同样见到一个佛弟子，见到出家的，就会联想到佛教，见到在家的，就不会产生佛教的印象（除非自行表白，但也不能逢人便说自己是佛教徒）。

所以，佛法的发明是佛陀，佛教的重心是正法，佛教的住世是僧众。正因如此，佛教尊称佛法僧为三宝，主要的是有离苦得乐的法宝，法宝是由佛陀所证所说，由僧能持能传，所以也都称之为宝。

佛陀在世，佛教以佛陀为皈依的中心，佛陀灭后，佛教则以僧团为皈依的中心。

皈依三宝，是为要学法宝，要学法宝，须由僧宝作良导——包括思想的传授及行为的影响。所以佛陀灭后的佛教，供养三宝的对象，仍是偏重于僧宝。又因为佛教主张“依法不依人”的缘故，特别重视正法的流布与皈依，僧人的生活行为是他们个人的事，只要他们的见解正确，能够开演佛法，纵然破了禁戒，仍该接受俗人的恭敬供养——这是伦理的要求，好像一般所说“天下无不是的父母”；又像小学的老师未必受过大学的教育，大学毕业的人，总不能否认小学时代的老师。

因此，对于一个正信的佛教徒来说，崇拜佛宝是由于法宝的理由，又为了法宝的信受，所以要崇拜僧宝。崇拜菩萨，也是敬僧的一种。对于圣僧大菩萨及阿罗汉，固然要恭敬供养，对于凡夫僧的持戒而能说法者，也要恭敬供养，乃至不持净戒但有正见能说正法的出家人，也要恭敬供养（要紧的是要有正见，能说正法）。事实上，在去佛世已远的时代之中，圣僧很难遇到，敬僧的对象，当是凡夫的比丘、比丘尼众，经中也说供养凡夫僧与供养圣僧无异，同有不可思议的无量功德。

佛教的高明博大，三宝两字即可概括无遗，所以信仰佛教，即是信仰三宝。对于僧宝的信仰，在佛陀时代，乃至迄今的泰、缅、锡兰等国，根本视为当然的事。但在中国的佛教，敬僧的观念，始终未能形成普遍的风气；由于僧尼素质良莠不齐，一般所敬的出家人，仅是少数的高僧而已。上焉者是恭敬高僧的德学，下焉者是把高僧当作神道来盲目崇拜。正由于高僧信仰的风气，也促成了一些劣僧的虚伪作怪，以期博得低级的神道式的崇拜。这些都是亟待修正的观念，作为一个正信的佛教徒，他是不会如此的。①

---

① 《易经》观卦之疏云：“微妙无方，理不可知，目不可见，不知所以然而然，谓之神道。”《易经》观卦云：“观天之神道而四时不惑，圣人以神道设教而天下服矣。”

16

娼妓、屠宰、渔猎、贩酒等人可以信佛吗?

可以。佛教的恩德，浩如大海，只要能有一念信心，均可进入佛门，成为三宝的弟子。

虽然，佛教的五戒之中，禁止邪淫、杀生、饮酒。同时，也将上列的这些行业称为恶业、邪业或不正业。但是，住于海岛的人民，如果除了打鱼不能生活；住于山区的土人，如果除了打猎就要挨饿；贫困的妇女，如果除了卖淫、卖笑、伴舞等，就不能从事其他的职业来谋求最低限度的生活所需；如果上一代经营屠业或酒业，自己也只学会了屠业或酒业的谋生技能。如果这些是唯一的求生存的途径，佛教并不要求他们首先放弃了原有的行业再来信佛。不过，当他们一旦信佛之后，如果能够设法改业的话，佛教是会积极地鼓励他们的。因为佛教的宗旨，是在鼓励大家都能从事善良而正当的职业。何况那些行业本身就是一种罪恶，不受戒者，虽无破戒之罪，但仍有其根本性质的罪过。

万一由于各人实际状况的原因，无法改业的话，佛教也不以为他们是破戒。因为，信仰佛教的初步，可以仅是皈依三宝。受戒持戒，虽是佛教所希望的，也是有很多功德的，但不是勉强的。如果不持戒就不必受戒，既没有受戒，当然无戒可破，也没有破戒的罪过。如要受戒，受戒的机会，随时都在等待他们，五戒之中，能受几戒就受几戒，如果受了之后，不能持守，也可随时舍戒，舍了戒再作恶业，也不算犯戒。舍了戒之后，也可以重新再受。要是不舍戒而破戒，破戒便是犯罪！

佛教，非常的宽大。虽然不能受持最起码的五戒，只要能对三宝生起一念的信心或些微的敬意，就有很大的功德，就是种下了将来必可成佛的善根，何况是皈依了三宝？皈依三宝之后，只要求不另信奉其他的宗教，并不要求非受五戒不可。所以，佛教是不会拒绝任何一个愿意信仰的人的。

17
佛教相信忏悔吗?

是的，佛教确切地相信忏悔的功能。

佛教相信，除了重大的如杀生、偷盗、邪淫、大妄语（妄称自己是圣人）等的已遂罪，必须随业受报之外，其他的未遂罪，以及过失犯戒与威仪犯戒等罪业，均可依照佛所规定的方法忏悔。

忏悔的作用，是毫不容情地自我反省和自我检讨；是自觉心的警惕和自尊心的洗沥，从此之后再不复犯；只要能有改过自新的决心，往事已过，不复追究，心地便会从罪恶感中得到解救，恢复平静，这就是忏悔的功能。犯罪之后，必须坦诚地发露（以情节轻重，分向众人、向三数人、向一人，乃至自对良心，吐露所犯的罪行，恳切悔过，决志不复再犯），否则，这一罪恶的阴影，势将永藏心底，也就成为他日感受报应的种子；忏悔之后，这一罪恶所感的种子，也就随即消失。

不过，忏悔的目的，是在自净其心不复再犯，如果常常犯罪，常常忏悔，又常常再犯，那么，忏悔的行为，便会失去应有的功用了。同时，佛教的忏悔绝不同于基督教的祈求上帝赦罪，佛教不相信有任何神祇能够赦人的罪。佛教的忏悔是在洗刷染污了的心，使之恢复清净。

18

佛教相信天堂与地狱吗?

是的，佛教毫不怀疑天堂与地狱的存在，因为天堂与地狱，都在生死范围的轮回之中。佛教相信，只要不出生死的界限，天堂、地狱，人人都有经验的可能，甚至可说，人人都曾去过天堂、地狱。修了上品的五戒十善生天堂，造了十恶五逆的大罪下地狱。苦报受完了，地狱的众生可以生天堂；福报享尽了，天堂的众生可以下地狱。所以佛教相信，天堂虽好，不是究竟的乐土，地狱虽苦，也有出离的日子。

同时，由于所修善业的不等，天堂也有等次，由于所造恶业的轻重，地狱也分层级。

佛教所说的天堂，共分三界二十八天。接近人间的欲界天共有六层，往上的色界天共有十八层，再往上的无色界天共有四层。事实上，修善业的人，只能生在欲界六天，色界天及无色界天中除了色界上层的五净居天是小乘的三果圣人所居，其余都是修习禅定者所生的禅定天。

佛教所说的地狱，大大小小的有无量数目，那是由于狱中所受苦报的不同而分，主要则分为根本地狱、近边地狱、孤独地狱等三大类，佛经中通常所称的地狱是指根本地狱。根本地狱的主要区分，则有上下纵贯的八大炎热地狱，以及四方连横的八大寒冰地狱。依照各人所犯罪业的差别等次，便到应到的地狱中去受报。通俗地说，下地狱是由鬼差狱卒的捉拿，就实而论，生天堂下地狱，都是由于各自的业力所感，业力倾向天堂就生天界享福，业力倾向地狱便生地狱受苦。

19

佛教相信阎王吗?

从大体上说，佛教是相信有阎王的，因为，在许多的佛经中，都可见到阎王的记载（例如《中阿含经》卷十二《天使经》）。

但是，阎王并不是佛教首先发现的，佛教只是接受了印度古宗教的观念而加以佛教化的。

在印度的《吠陀经》中，将宇宙分为天、空、地的三界，天界有天神，空界有空神，地界有地神。佛教的三界——欲界、色界、无色界，可能也是受了这一暗示而观察分列的。至于阎王，在《吠陀经》中，称为耶摩（Yāma）。他本是天神，后来转为人类的第一祖先——第一死者，但是他在天上。所以《梨俱吠陀》相传，说人死之后，至天上第一面谒的，就是耶摩及司法神婆楼那。到了后出的《阿闼婆吠陀》中，则说耶摩执掌死亡，同时更有对人死后的裁判权，这个在天上的耶摩，倒有点像基督教的上帝了。到了佛教，才将天上的耶摩天（欲界第三天）王与地狱的阎罗王分了开来。

阎王司理死者的审判管理及处分，阎王在地狱中的地位，相当于上帝在天上的地位。佛教既不崇拜上帝，自然也不会崇拜阎王。同时，佛教虽在大体上为了随俗教化的方便而相信阎王的存在，但在本质上并不肯定阎王的独立性，故有部分部派佛教教派，相信阎王及狱卒均是由各个地狱众生的业力所感——佛教相信唯识所现。

再说，正信的佛教，也不承认人死之后必须经过阎王的审判，在大体上只承认鬼道及地狱道的众生，与阎王的职权有关。至于阎王派了狱卒来捉拿将死的人，那是民间的传说。站在唯识所现的观点上，佛教并不反对如此的传说，那是自识的变现，所以佛典中也有类似的记载。

清朝的纪晓岚，在他的笔记中，对于地狱及阎王界的情形，虽信但仍不得其解。他说世界之大，人有中外东西之别，何以凡从阴间得来的消息，只有中国人而不见外国人？难道中国的阴间跟外国的阴间也是两个分治的世界吗？其实，纪晓岚如果懂得了佛教所说“唯识所现”的道理，这一疑问，就可迎刃而解了。中国人的心中只存有中国型的阴间，当然现不出联合国型的阴间了。

20

佛教相信超度亡灵的功用吗?

不用说，佛教是相信超度作用的。

不过，超度的功用，也有一定的限度。超度只是一种次要的力量，而不是主要的力量。所以修善的主要时间是在各人的生前，《地藏经》中说，若在死后，由活人超度死人，虽以修善的功德回向给死人。死人也仅得到 1/7 的利益，其余的六分，乃属活人所得。同时，正信的佛教，对于超度的方式，跟民间习俗的信仰，也颇有出入。所谓超度，乃是超生乐土而度脱苦趣的意思，是仗着家属亲友们为其所修善业力量的感应，并不是僧尼诵经的本身有着超度的功能，乃是借着超度者的善业及诵经者的修持而起的感应。①

---

① 注《佛祖统纪》卷一五“有朋法师”传：湖人薛氏妇早丧不得脱，其家斋千僧诵《金刚般若》，请（朋）师演说经旨。妇凭语曰：“谢翁婆一卷经今得解脱。”翁问：“千僧同诵，何言一卷?”答曰：“朋法师所诵者，盖师诵时不接世语，兼解义为胜也。”

因此，正信的佛教，超度工作的主体不是僧尼，而是亡者的家属。亡者的家属，若能在亡者临终之际将亡者心爱的东西，供奉三宝，施舍贫穷，并且使得亡者明白代他做了如此的功德，那对亡者的死后，有着很大的帮助。那是由于一念的善业感应，以及临终之际的心境安慰，所以他的业识也将感生善处。这是物以类聚的原理，不能说是迷信。若于亡者死后，儿女家属以恳切虔敬之心，斋僧布施，作大善业，以其殷勤的孝心，也可感应亡者的超生，但此已经不如在亡者未死之前所作的受用大了。唯其孝心至诚，如地藏救母那样发大悲愿，愿为救母而生生世世救度苦海的众生，凭这伟大的愿力，尚可感通亡者，减少乃至灭除亡者的罪业。这不是无理的迷信，而是由于大孝心及大愿心的感通，使得超度者的心力愿力，化入感通了被超度者的业力，乃至彼此连通一气，所以能够超度。所以，在正信的佛教，死人的家属，若要荐拔亡者，可以是供养三宝及布施贫穷，并不一定要求僧尼诵经，僧尼接受布施供养，仅为斋供者祝愿而已。因僧尼诵经是日常的恒课，诵经是一种修持，也是为求明白修持的方法，目的不是超度亡者，施主供僧的功德，是由于成就了僧尼的修持生活而来，不是由于计工折价的诵经而来。佛教中虽有指示以诵经来超度亡者，那是希望各人亲自诵经，万一自己不会诵经，或以为自己诵的太少，才请出家人代诵。其实，僧尼是为佛法的住世及化世而设，不是专为超度亡灵而设。诵经的功德，是由于信仰佛法并修持佛法而来，所以并不限于僧尼才可诵经，更不是一定要在人死之后才来诵经。

再说，超度的期限，最好是在死了七七四十九日之前。因为佛教相信，就凡夫而言，除了福业特别大的人，死后立即上生六欲天。定业深的人，死后立即上生禅定天。罪业特别重的人，死后立即堕地狱。至于一般的人，死了之后尚有四十九日的缓冲期间，等待业缘的成熟，再决定轮回的去向。在这期间，如有男女家属以供养三宝及斋僧布施的功德为之回向超度，亡者便会由于善业功德的感应而得到超生的帮助，促成生于善道如人间天上之因缘的成熟。过了四十九日之后，已经随着亡者自己的业力而去投生，那时再做超度的功德，只能增加他的福力，或减少他的苦难，但已不能改变他已经投生的处所了。

不过也有例外，如果是枉死，或者死得凄惨，由于怨结不解，他们纵然已经化生鬼道，但还会在人间作祟，这就是通常传闻的“闹鬼”。这样的情形，需要诵经超度（向其说法使其知所去处），佛力引荐往生善道。佛教通常称鬼道众生为“饿生”或“饿鬼”，所以往往用密法的咒力加持，变食施食的“焰口”及“蒙山”，对于平安鬼类的作祟，有特别显著的效验。这种功能的佛事，对于其他的宗教——神教而言，他们简直没有办法。

当然，以上是就佛教本身的立场而说，事实上，向来请僧尼做佛事的中国人，未必就是佛教徒，甚至是不折不扣的儒者。如近人唐君毅先生，他是著名的新儒学者，但他母亲去世之后，仍到香港的寺院中做佛事，并把灵位供在佛寺中。他因自叹他的哲学，在这一方面用不上力，所以仍抱着“祀如在”的儒家观念，寻求“慎终追远”的安慰。像这样的例子，可谓极多，如要他们完全照着佛教的观念来做，恐怕不易，所以这是中国佛教必须求一解决途径的一大课题。

21

佛教相信功德可以回向给他人吗?

佛教确切相信，自己所修的功德，可以回向给他人。

所谓“回向”，就是从自己的方面，回转朝向他人的方面，这是属于心力的感应，这在上面一节中已经大略说过。

自己的心力通过诸佛菩萨的愿力而达于所要回向的对方。这就像天空的太阳光通过反射物（如镜或金属体）的折射，便可使户外的太阳光照射到室内的黑暗处。室内的黑暗处，虽未直接曝晒到太阳，却接受了回向而来的太阳光。

同时，虽把功德回向给他人，自己的功德仍然丝毫不损，这在佛经中有一个比喻：一盏灯，可以点燃许多灯。这盏灯虽然点了许多盏灯，却不会因为点燃其他的灯而就减弱了自身的灯光。

因此，凡是正信的佛教徒，每做一桩功德，都会发愿回向给一切的众生，这也正是慈悲心的自然流露。

22

佛教相信轮回是确实的吗?

这个问题的答案是肯定的。佛教相信，除了已经解脱生死（如小乘的阿罗汉）或已经自主生死（如大乘的圣位菩萨）的圣者之外，一切的众生，都不能不受轮回的限制。

所谓轮回，实际上是上下浮沉的生死流转，并不真的像轮子一般地回环。轮回的范围共有六大流类，佛教称为“六道”，那就是由上而下的：天道、人道、修罗（神）道、傍生道、鬼道、地狱道，这都是由于五戒十善及十恶五逆（十善的反面是十恶，杀父、杀母、杀罗汉、破坏僧团的和合、出佛陀的身血，称为“五逆”）而有的类别。五戒十善分为上中下三品，感生天、人、修罗的三道；十恶五逆分为下中上三品，感生傍生、鬼、地狱的三道。作善业，生于上三道，作恶业，生于下三道。在每一类别中的福报享尽或罪报受完，便是一期生死的终结，便又是另一期生死的开始，就这样在六道之中，生来死去，死去生来，便称为轮回生死。

不过佛教特别相信，众生的生死范围虽有六道，众生的善恶业因的造作，则以人道为主，所以，唯有人道是造业并兼受报的双重道。其余各道，都只是受报的单重道，天道、神道只有享受福报，无暇另造新业；下三道只有感受苦报，没有分别善恶的能力，唯有人道，既能受苦受乐，也能分别何善何恶。佛教主张业力的造作熏习，在于心识的感受，如若无暇分辨或无能分辨，纵然造业，也不能成为业力的主因。所以，佛教特别重视人生善恶的行为责任。

正因为造作业力的主因是在人间，所以上升下堕之后的众生，都还有下堕上升的机会，不是一次上升永远上升，一次下堕永远下堕。

人间众生的造作业因，是有善有恶的。是有轻有重的，人在一生之中，造有种种的业，或善或恶，或少或多，或轻或重。因此受报的机会，也有先后的差别了。所以，人在一期生命结束之后，朝向轮回的目标，有着三种可能的引力。

第一是随重。一生之中，善业比恶业的分量重，便先生善道。善道的天业比人业重，便先生天道。如果恶业比善业重，便先生于恶道。恶道的地狱业比傍生业重，便先生于地狱道，受完重业的果报，依次再受轻业的果报。

第二是随习。人在一生之中未作大善也未作大恶，但在生平有一种特殊强烈的习气，命终之后，便随着习气的偏向而去投生他的处所，所以，修善学佛，主要是靠日常的努力。

第三是随念。这是在临命终时的心念决定。临终之时，如果心念恶劣，比如恐怖、焦虑、贪恋、嗔恼等等，那就很难不堕恶道了。所以佛教主张人在临死或新死之时，家属不可哭，应该代他布施修福，并且使他知道，同时宣说他一生所作的善业功德，使他心得安慰，使他看破放下，并且大家朗诵佛号，使他一心向往佛的功德及佛的净土。若无重大的恶业，这种临死的心念倾向，便可使亡者不致下堕，乃至可因亡者的心力感应了诸佛菩萨的愿力，往生佛国的净土——这是佛教主张临终助念佛号的主要原因。

民间的信仰，以为人死之后即是鬼，这在佛教的轮回观中是不能成立的，因为鬼道只是六道轮回的一道，所以人死之后，也只有 1/6 的可能生于鬼道。

23

佛教相信灵魂的实在吗?

不。佛教不相信有一个永恒不变的灵魂，如果相信了灵魂的实在，那就不是正信的佛教徒，而是“神我外道”。

不错，在一般人的观念中，除非他是唯物论者，往往都会相信人人都有一个永恒不变的灵魂。晚近欧美倡行的“灵智学会”，他们研究的对象，也就是灵魂。基督教、回教、印度教、道教等各宗教，多多少少也是属于灵魂信仰的一类，以为人的作善作恶，死后的灵魂，便会受着上帝或阎王的审判，好者上天堂，坏者下地狱。

在中国的民间，对于灵魂的迷信，更是根深蒂固，并且还有一个最大的错误，以为人死之后的灵魂就是鬼。灵魂与鬼，在中国民间的信仰中，乃是一个纠缠不清、分割不开的大问题。更可笑的是，由于鬼类有些小神通，又以为灵魂是“三魂七魄”组成的集合体了。

其实，鬼是六道众生之一，正像我们人类也是六道众生之一一样。生为人，固然有生有死，生为鬼，同样有生有死（人是胎生，鬼是化生），何况人死之后不一定就生为鬼，这在下一节中另予说明。

而于灵魂，中国民间的传说很多，往往把人的生死之间，用灵魂作为桥梁，生是灵魂的投胎，死是灵魂脱离了肉体。把灵魂与肉体的关系，看同房子与屋主一样，老房子坏了，搬进新的房子，房子经常在汰旧换新，住房子的人，却永恒不变地来来去去。这也就是说，人是灵魂套上了肉体的东西，肉体可以换了又换，灵魂是一成不变的，因为灵魂就是我们生死之流中的主体。

事实上，正信的佛教，并不接受这一套灵魂的观念，因为这在缘起缘灭的理论上不能成立。站在“生灭无常”的立足点上，看一切事物都是生灭无常的，物质界是如此，精神界亦复如此。用肉眼看事物，往往会发生“成而不变”的错觉。若用精密的仪器去看任何事物，无不都在刹那变化之中。《易经》所说的“生生”，其实在“生生”的背后，也包含着“死死”，也就是“变变”或“化化”。

物质界的物理现象，既然是生生不息的，再看精神界的心理现象，那就更容易觉察出来了，因为心理现象的产生，就是由于精神的变动而来。心理现象的变动，促成了人我行为的或善或恶，善恶的行为，又会反转身来影响到心理现象的倾向。我们的前程远景，便是靠着这种心理促成行为、行为影响心理的循环作用而定。

那么试问：灵魂的不变性，灵魂的永恒性，那是可能的吗？当然是不可能的，不要说死后没有固定的灵魂，纵然活着的时候，我们的身心也都是活在刹那不停地变了又变和变变不已之中。照这样说，佛教既然不相信灵魂，那么，佛教所说六道轮回与超凡入圣的本体，究竟又是什么呢？

这就是佛教特殊优胜的地方，既不看重自我的永久价值，却又更加肯定了自性的升拔价值。

佛教主张“因缘生法”“自性本空”，佛教看物质界是因缘生法，看精神界也是因缘生法。因缘聚合即生，因缘分散即灭，大至一个星球、一个天体，乃至整个的宇宙，小至一茎小草、一粒微尘、一个原子，无一不是假借了内因与外缘的聚集而存在，除去了因与缘的要素，一物也不可能存在。所以，从根本上看，是空无一物的。研究物理化学的科学家们，可以给我们正确且正面的答案。

至于精神界呢？佛教虽不承认灵魂的观念，但绝不是唯物论者。佛教的精神界，用一个“识”字作为命名，小乘佛教只讲六个识，是以第六识作为连贯生命之流的主体。大乘佛教增加两识，共有八识，是以第八识作为连贯生命之流的主体；我们把小乘的放在一边，单介绍大乘的八识。

大乘佛教的八个识，前六识同小乘的名称一样，只是将小乘第六识的功用更加翔实的分析，而分出了第七识与第八识。

实际上，八个识的主体只有一个，由于功用的划分而给了它们八个名字，前七识的为善为恶，都会把账目记在第八识的名下。第八识是一切业种业因的仓库，这个仓库的总管是第七识，搬进搬出是第六识，制造作业是前五识。

这样说来，第八识的功能，是在储藏，但不等于只进不出的守财奴。不断地由外面藏进去，也不断地从里面搬出来，藏进去的是行为影响心理而印入心田，称为“业因”或“种子”，搬出来的是心理促成行为而感受行为，称为“业果”或“现行”。就这样进而出，出而进，种子而现行，现行而种子，在一期生命之中是如此，转生到二期、三期，乃至无数期的生命中去也是如此。由现世今生的因果对流，到无数过去和未来世的因果回还，都不出于这一种子而现行与现行而种子的律则，因此而构成了生命的连贯与生死的相续。

正因为种子与现行的经常乃至刹那不息地进进出出，所以第八识的本质，也在经常乃至刹那不息地变动不已，不要说这一生的第八识的质量与前后生是不同的，即使前一念到后一念也就不同了。正由于念念生灭、念念不同，我们才会有浮沉生死而至超越生死的可能。所以，第八识的存在，便是存在于这一刹那变动的业因与业果的连续之间，除了业因与业果的变动连续，也就没有第八识的本质可求；正像水的潮流，是由于水的连续而有，离了相续不断的水性，也就没有潮流可求了。佛教教人修持解脱道的目的，就是在于截断这一因果相续的生死之流，等到第八识的作用完全消失，既不藏进去什么，也不拿出来什么，那就成了空性，这在佛教称为“转（烦恼）识成（清净）智”，不受生死的支配，而能自由于生死之中。

可见佛教的第八识，并不等于永恒的灵魂，如果迷信有个永恒的灵魂，那么超凡入圣的解脱生死，也就成为不可能了。佛教在观念上否认有灵魂，在目的上也在否定第八识，唯有否定了由烦恼无明接连而假现的第八识之后，才是彻底的解脱。不过，第八识被否定之后，并非等于没有，乃是非空非有的智体的显照，而不是无明烦恼的缠绕不清。

24

佛教崇拜神鬼吗?

很明显的，一个正信的佛教徒，唯有崇拜佛、法、僧——三宝，绝不崇拜神鬼，但是，正信的佛教并不否认神鬼的存在，因为神鬼也是六道轮回的两大流类。所以，佛教所说的神不是神教所说的上帝，佛教所说的鬼也不是神教所说的魔鬼。佛教所说的神也是凡界的众生，佛教所说的魔是在欲界的第六天，所以佛教的魔是魔、鬼是鬼。佛教的魔，有四种：天魔、五蕴魔、烦恼魔、死魔。除了天魔，其余三魔也都出于各人自我的生理及心理。

佛教的神，通常是在天与鬼之间，大福的鬼便是神，天的扈从往往是神。鬼有多财鬼、少财鬼、饿鬼，多财大福鬼，虽在鬼道，也享天福，民间一般所崇拜的神，多半就是大福的鬼。神有天神、空神、地神，又可分天神、畜神、鬼神，民间一般所崇拜的牛鬼蛇神、草木精灵、山川等神，多是地神、畜神和鬼神。在佛经中通常提到的是八部鬼神，那就是：天神、龙神、夜叉（飞空鬼）神、干闼婆（天音乐）神、阿修罗神、迦楼罗（金翅鸟）神、紧那罗（天歌唱）神、摩睺罗迦（大蟒）神。这八部鬼神，有善的也有恶的，善的通常是受佛教的感化而来为佛教做护法的。因此，正信的佛教徒，并不崇拜神鬼，仅对神鬼保持若干程度的礼遇，假如一个正信的佛教徒崇拜了神鬼，在原则上是有罪的。同时，善神都会自动地护持皈依了三宝的人，故也不敢接受三宝弟子的崇拜；正因为有了善神的护持，恶神恶鬼也不敢作弄或侵犯已经皈依了三宝的佛教信徒。

25

佛教徒相信祈祷的功能吗?

是的，佛教深信祈祷的功能。事实上，从灵验的程度及灵验的比例上考察，佛教远比其他神教的祈祷功能更显著、更有力、更可靠。

祈祷的原理，是以祈祷者的心力——由强烈的信念所产生的一种超自然的精神统一的定力，去感应被祈祷者（如诸佛菩萨）的大悲愿力。自己的定力与佛菩萨的愿力相应相接，便会产生一种不可思议的神力，那就是祈祷所得的经验或灵验。在大乘佛教的中国地区，祈祷观音菩萨的灵验，最为卓著。再说，一个虔敬的三宝弟子，本来就有善神的护持。只要信念坚强，若遇到突发的变故，虽不临时祈祷，也会逢凶化吉。因为祈祷的功能，是在坚强的信念中产生，所以，凡是信念坚强的人，也就等于时刻都在祈祷的功能之中。

不过，佛教虽然深信祈祷的功能，但也并不强调祈祷的万能。比如佛教徒生了病，祈祷是要紧的，如果病人有自信和把握，便能够凭他虔诚的祈祷，感应痊愈。所以，说法闻法也能医病（《增一阿含经》卷六及《杂阿含经》卷五等）。如果病人没有自信和把握，也缺乏祈祷的经验（是指效验），那就应该延医诊治了。所以，虽在释迦世尊的当时，比丘们患了病，通常也多用医药治疗。①

因此，一般相信：佛法，主要医众生生死的心病；医药，能治血肉之躯的身病。有了病痛，祈祷是应该的，诊疗也是必需的——这是正信佛教徒的见解。

---

① “佛如医王，能治一切诸烦恼病，能救一切生死大苦。”（《华严经·入法界品三九之一六》）

26

佛教是主张焚烧纸库锡箔的吗?

不，佛教中没有这一项迷信的规定。

中国人用纸钱焚烧的习俗，是自汉朝以后开始，比如唐朝的太常博士王屿说:“汉以来，丧葬瘗钱，后世以纸寓钱为鬼事。”这是说从汉朝开始，人死之后，丧葬之时，要用钱币与死人同葬。因为中国自古以来，都以为人死之后便是鬼，所以《说文解字》也说“人所归为鬼”。人死既为鬼，拟想鬼的世界也同人间一样，只是阴阳两界不同而已，故以为鬼也需要生活，也需要用钱，所以就用钱币殉葬。后来有人觉得用真的钱币太可惜了，便用纸剪成钱的形状，以火烧了给鬼用。到近代，由于纸币的流通，“冥国银行”的冥币，也大量发行了!①

① 参阅《佛祖统纪》卷三三《法门光显志》第十六,“寓钱”条(《大正藏》四九·三二二页)。

这种低级的迷信，几乎是各原始民族宗教的共同信仰，以物器、钱财、珠宝、布帛，甚至还有用人及畜生来殉葬的。

至于用火焚烧，可能与拜火教有关，相信火神能将所烧的东西传达给鬼神。印度教《梨俱吠陀》中的阿耆尼（火神），就有如此的功能。

中国民间，有用纸钱、锡箔当作钱币、金银，又有用纸糊篾扎的家具、杂物、房屋乃至现代的汽车、飞机、轮船等等，以为焚烧之后，就被鬼去受用了。

事实上，佛教不以为人死之后即是鬼，做鬼仅有1/6的可能。佛教更不相信经过焚烧之后的纸库锡箔能够供鬼受用。佛教只相信死人的亲属可以用布施、供佛、斋僧的功德，回向亡灵、超度亡灵。其他的一切，都是毫无用途的迷信。佛教不主张以物品殉葬，更不主张人死之后用贵重的棺木、穿高价的衣服、动用过多的人力与物力。佛教认为人们应该换上日常所穿的干净旧衣服，将好的新的衣物全部布施给贫苦人家，如果有钱，应该多做布施贫穷及供奉三宝的功德。唯有如此，亡灵才能得到真正的益处，否则把好好的东西埋了烧了，那是最愚痴的行为，更不是一个正信佛教徒的作为。

可惜的是，今日的许多僧尼，并不懂得这一层道理，甚至还发明了另一种叫作“往生钱”的纸钱。在一小张的黄纸上，用红水印上梵文字母的《往生咒》，就当作鬼用的钱了。其实诵咒的功效，与烧纸的作用，根本是两回事。如果根据佛经来说，印好的经是烧不得的，烧了是有罪的。

再有，现时的僧尼们为人家诵经、拜忏、放焰口乃至打水陆，都要写文疏，宣读之后，即予焚化。这是学了符箓派的道教向其所崇奉的神祇们奏疏及化符驱鬼等的迷信，于佛教教理毫无根据。佛教一切都主张虔诚心的感应，如果心力到了，不用焚疏，必然有用，否则的话，纵然焚化了千百张的字纸，又有什么用处？

27

佛教深信因果定律的正确性吗?

是的，佛教相信因果定律的正确性，正像大家相信吃饭可使胃囊满足那样正确。

一般人怀疑因果律的可靠性，是因为仅仅站在当下一生的立足点上，来看善恶报应的不公平：有人吃苦行善一辈子，不但没有好报，甚至还不得好死；有人贪赃枉法、为非作歹，却在法律的漏洞里逍遥自在，福寿双全。

其实，佛教的因果律是通看三世的，人，除了现在一生，已有过去的无量数生。尚有未来的无量数生，现在这一生，若将过去及未来的生命之流连贯起来看，实在还不及石火光影那样的短促渺小。善恶因果是贯通了三世渐次受报的，业力的大小轻重，便决定了受报的先后等次。今生的修善作恶，未必即生受报；今生的祸福苦乐，未必是由于即生的因素；今生多半的遭遇，是由于往世业力的果报；今生的所作所为，多半尚待到后世感报。若把三世看通了，心里也就平服了。

再说，佛教所讲的因果律，也不是像一般人所误解的宿命论或定命论。佛教相信，唯有重大的业力不能转变而被称为定业之外，人是可以凭后天的努力来改善先天的业因的。比如前世只造了穷人的业因，今世果然也感生为穷人的业果，但是，生为穷人不要紧，只要自己肯努力，穷困的生活环境是可以改变的。这是将过去的因加上现生的因，综合起来，就是当下的果。所以，佛教的因果律，不是宿命论也不是定命论，而是不折不扣的努力论。佛教如果落于宿命论或定命论的泥沼，众生成佛的理论，也就不能成立。既然一切命运都是前世决定了的，人生的修善，岂不等于白费?

可见，佛教的因果定律，也是不离缘生法则的。从过去世的业因到现在世的业果，中间尚须加入许多的外缘，方能成为业果的事实，这些外缘，就是现世的努力与懈怠、作善与作恶。正像一杯糖水的本质是甜的，假若加入了柠檬或咖啡，便会改变那杯糖水的味道一样。

总之，佛教的因果律是贯通过去、现在、未来的三世，而又联结过去、现在、未来三世的。现世承受先世的业因，成为现世的业果，现世的行为造作，既然即是后世的业因，也可加入先世的业因，成为现世的业果。

因果的道理听来简单，说来并不简单。佛教，就是这么一个看似简单而实际并不简单的宗教。

28

佛教徒都愿往生极乐世界吗?

凡是正信的佛教徒，不会希望以生天为最终的目的，这是很明确的，因为除了五净居天及弥勒的兜率内院，生天尚在轮回生死的凡界。

凡是正信的佛教徒，都愿解脱生死，这也是很明确的，因为唯有脱离了生死的轮回，才会得到永恒的安乐。

极乐世界，是由阿弥陀佛愿力所成的佛国净土，但在十方法界之内有着十方的诸佛净土，西方的极乐世界只是无量佛国净土中的一个。所以，佛教徒之中也有不愿往生西方极乐世界而愿往生其他世界的，比如东晋时代的道安大师，唐代的玄奘大师及窥基大师，以及近代的太虚大师，都愿往生本界（大千世界）兜率内院的弥勒净土。

如果是悲愿宏深而信心坚强的佛教徒们，也有不愿往生他方的佛土，而愿生生世世在人间度化的。

至于南传上座部佛教区域的佛教徒，根本不知道有极乐世界的存在。那里的出家人，最高的期望是即生修证阿罗汉果而解脱生死。如果一生不成，期待转生继续修证，他们不知极乐世界。也不相信极乐世界，如果大乘佛教告诉他们有个极乐世界，他们或可相信，但相信是在天上（见《海潮音》四十五卷四月号二十一页）。

不过，极乐世界的存在，对于真常唯心一系的大乘佛教而言，乃是深信不疑的。由于阿弥陀佛的慈悲愿力，极乐净土的莲池之中。莲华分为九品，即使造了五逆十恶的人，若能于临命终时，至心称念阿弥陀佛，令声不绝而具足十念者，便可带业往生极乐世界下品下生的莲华之中。过了十二大劫之后，莲华开放，得见观音、势至两大菩萨为之说法，开示诸法实相即缘生性空的道理（《观无量寿经》）。一旦悟透了诸法实相，实证了诸法实相——诸法缘生，体性本空，便可破除一切的善恶观念，一切的善业恶业也就一时抖落。那就叫作业障消除，那就不再受到业力的牵制，不再糊涂地沉沦生死。唯有乘着各自的悲愿，再来人间，自主生死，行菩萨道，称为“不违赡养入娑婆”。所以，弥陀净土的安立，确是最安全、最方便，也最可靠的一种信仰，这也正是许多没有自主把握者的最佳安慰与最大恩德。

可是，《阿弥陀经》说，不可能以微小的善根之因及微少的福德之缘，往生极乐世界，所以弥陀的愿力虽大，仍要依靠各自在平日的修善积福。否则，到了临命终时，恐怕连念佛的能力都没有了，那时候，阿弥陀佛虽愿伸手救济，也是爱莫能助了。

29

佛教重视神迹吗?

神迹，在佛教称为“神通”。

佛教承认神通的事实，也承认神通的功用，并且，佛教的神通境界，远在其他一切宗教之上。

佛教将神通分为六大类，那就是：神足通、天眼通、天耳通、他心通、宿命通、漏尽通。

佛教相信一切神鬼多有由果报而得的神通，一切凡夫仙人，也可以有由修禅定而得到神通。但是，凡夫及神鬼，只有或多或少或深或浅的前五通，唯有佛教已经解脱了生死的大小乘圣者，才能另加一通，称为“漏尽通”，那就是六通具足了。

可是，佛教并不以为神通是万能的。在因果律的原则下，众生的生死祸福，都是出于善恶业力的自作自受，神通的功用虽大，却不能破坏因果的律则。凡是决定性的重大业报，纵然以佛陀的神通，也不能把局势全部扭转，否则，因果业报的理论，便将无从成立。因此佛陀在世，虽曾现过不少的神通，但不轻易现神通；佛陀座下的许多罗汉大弟子，也多有相当神通的，佛陀却不许他们当着俗人现神通（《根本说一切有部毗奈耶杂事》卷二及《律摄》卷九）。因为佛陀知道，神通虽可使人轰动一时，如果现得不能恰到好处，便会招致相反的恶果！

30
佛教是崇拜偶像的吗?

是的，佛教徒对于佛菩萨的圣像有着崇高的敬意。不过，佛教徒对于佛菩萨圣像的崇敬与顶礼，并不像基督徒所以为的那样幼稚、那样罪恶!

凡是正信的佛教徒，并不会把塑画雕刻的圣像，当作就是佛菩萨的本身（《增一阿含经》卷二十八，以观空为礼佛），所以也绝不同于低级信仰的庶物崇拜。

正信的佛教徒，对于圣像的崇拜，目的是在借着圣像的崇拜而将信仰的力量感通佛菩萨的悲愿。正像靶场的射手，将视线由瞄准口通向准星，再对准靶子的红心，射击的目标虽在靶子的红心，要想射中靶子的红心，却须首先通过瞄准口及瞄准星。当然第一流的射手，并不需要按照瞄准基本动作瞄准；同样的，一个已经悟透了佛法的佛教徒，便会发觉佛的本身是遍满虚空而充塞法界的，那就根本用不着偶像来作为感通感应的媒介。所以唐朝禅宗的丹霞祖师（公元738～824年），曾把木雕的佛像，取来烧火烤手的公案（《五灯会元》）。但在尚未证悟的佛教徒来说，岂能不敬佛菩萨的圣像？正像一个国家的国民，岂能不敬国家元首的肖像？

31
佛教徒是反对自杀的吗？

是的，在戒律之中有着明确的规定，佛教徒不可以自杀，如果自杀，那是有罪的（见《四分律》调部之二及《律摄》卷二）。

此所谓自杀，是指为了厌恶此一生命的存在，误以为自杀之后，便可得到解脱而言。

因为佛教徒主张因果定律，若不证悟诸法实相，若不以修持的功夫解脱生死，自杀是没有用的。业报未尽，即使自杀，也将再接受另一期的生死，正像一个欠了债的人，为了躲避债主的追讨而将户口从甲地迁到乙地，那是不中用的，迟早一些债主仍会找到他的。所以，佛教徒反对自杀，佛教鼓励人生的建设，利用这一生的存在而做修善的努力，以改造现实的乃至未来的命运。

然而，佛教不是鼓励自私的宗教。如果为了救济众生，在必要时可以舍身，如果为了维护神圣的信仰，在必要时可以殉教。并且，一个真正的菩萨道的实行者，应该是头目身肉，无一不能施舍的，比如释迦世尊在往昔生中的菩萨阶段时，曾经屡屡舍身，如《法华经》中说："未有一微尘如芥子许，非菩萨舍身命处"，便是最好的说明。其实《杂阿含经》卷三十九及四十七，就有三位罗汉自杀，佛陀倒是赞成的。

32

佛教是厌世与出世的宗教吗?

这个问题，可以有两种答案：一是肯定的，一是否定的。从表面看，应该是肯定的，从通体看，应该是否定的。

佛教的宗旨，是在解脱生死，有生有死是世间法，不生不死是出世间法。世间法中有生死，所以苦多乐少，变幻无常，乃是不足贪恋的。佛教形容世人贪恋世间的财色之乐，如同无知小儿贪吃刀锋之蜜，不足一餐之美，却有割舌之患（《四十二章经》）。五欲（财、色、名、食、睡）之乐，犹如手搔疥疮，正搔之时痒得快活，刚搔过后痛苦即至。所以，世间的快乐是瞬间的，世间的痛苦是长久的。

为了厌离这个苦多乐少的世间，所以要求解脱生死。可见，佛教是厌世的，也是出世的。

然而，佛教不是自私自利的宗教。除了自己出离，也要设法使得一切的众生都能出离。所以，如人希望成佛，必须先行菩萨道，菩萨道的实践者，必须是更深入、更扩大地入世，唯有打入了世间的群众之中，才能化导群众。为了化导群众，必须更积极地肯定人生的行为价值，并且发挥人生的道德价值，否则，自己在群众之中没有过人的贡献、没有特殊的服务、没有卓越的表现，群众岂能心悦诚服地接受化导？所以，凡是正信的佛教徒，无有不以入世为手段的。可知，厌世是入世的启发，出世是入世的目的。

虽然，小乘的圣者，有些是自了的罗汉，入了涅槃之后，也不打算再来世间。但是《法华经》中又说，凡是真罗汉，终究必将回小向大，发大乘心，行菩萨道。

33

从信佛到成佛需要多少时间呢?

说起来，这是非常遥远而艰难的事。解脱生死，并不太难，证辟支佛果，多则百劫，速则四生；一生三生，多至百劫，可证阿罗汉果；利根人修大乘道，即世可登六根清净位（已到生死的边际，即将进入初地的圣位了）。但要成佛，那就不简单了。通常都说从信佛到成佛，共需三大无数（无数并非没有数，而是不容易数）劫。一个劫，就已很长了，何况是三大无数劫？在这漫长的时间过程中，广利众生，行菩萨道，若能特别精进努力，也可以把时间缩短，否则也可延长。总之，不到福德智慧的究竟圆满，不能把教化救济的恩泽遍及十方，充满法界，便不能够成佛。

其实，时间及空间的观念，乃是属于凡夫的分别作用，若到圣位的菩萨，根本不作这种计较；因为，时间及空间的施设，仅是物理世界的标志，到了纯精神界，时间的长短，空间的大小，根本无从安立。就拿常人的梦境来说，就已不受寻常的时空所限制了，何况是出世的圣人？所以，佛经中有长劫入短劫，短劫入长劫；一劫入一切劫，一切劫入一劫；一念入三世，三世入一念；大千世界入一微尘，一微尘入大千世界，乃至一毛孔中纳无量世界等的记载（《华严经》），看来似是无法相信的神话，如能客观而深切地设想一番，也就觉得不无道理了。当然，如想实证这种境界，绝非凡夫所能办到。

34
立地成佛是真的吗?

是的。“放下屠刀，立地成佛”，是佛教的教训，正像世俗所说“浪子回头金不换”的教训一样。

不过，浪子回头的可贵，是在能够改邪归正。既然改邪归正之后，必须要积极地重建他的人生，才能达到“回头”的目的，才有“金不换”的价值可言。因此，佛教所说的“放下屠刀，立地成佛”，也只是从正面的自性——佛性上作的肯定，不必就是真的当下成就了无上的正等正觉——佛的果位。

所以，在天台宗的圆教的佛，共有六种，称为“六即”（详见下图）。

表内所举的六种佛，第一种是指一切的众生，所以佛说“一切众生，皆有佛性”——大地众生均有如来智慧德相，就是指的“理即佛”。第二种是指已经听了佛法的人，知道

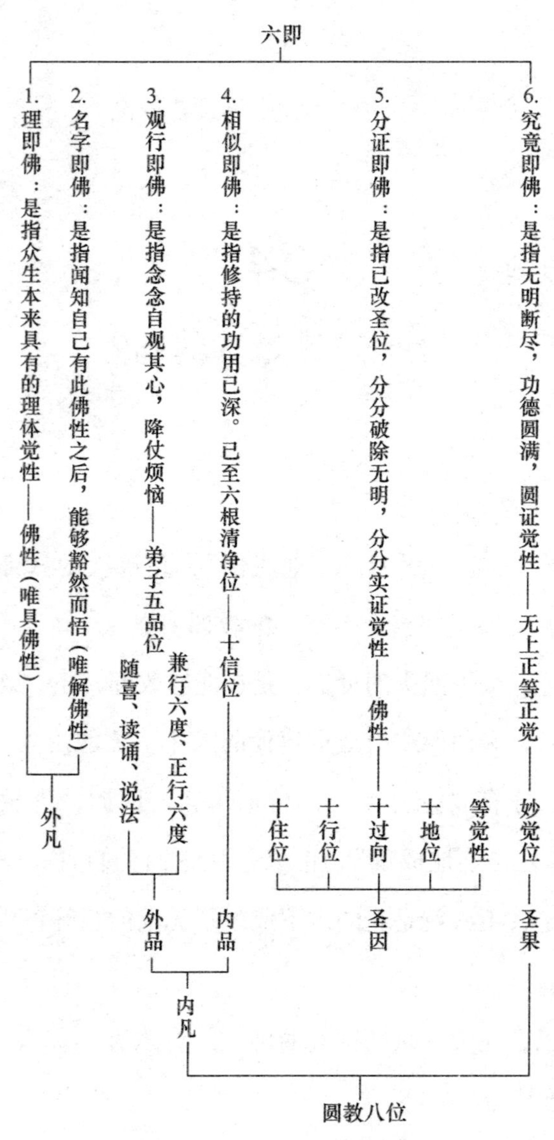

自己本有佛性，本来就有成佛的可能。第三种是指已在修持佛法，已能降伏（不是断除）烦恼的人。第四种是指已经六根清净快要进入圣位的人。第五种是指初地以上的圣位菩萨。到了第六种，才是真正的成佛，才是佛果的圆满，才是无上正遍知觉。

由此可见，“立地成佛”的佛，大概是指第一种的“理佛”或第二种的“名字佛”，而不是第六种的“究竟佛”。因为从“放下屠刀”的时候起，已是佛性圆成的起步点，称为“立地成佛”，等于是说“回头是岸”。事实上，放下屠刀并非马上就是佛，苦海回头也并不立即就在岸上啊！

懂了这一层道理，对于禅宗的开悟，也可以触类旁通了。许多人以为“即心即佛”“明心是佛”“无心是佛”“见到未出娘胎前的本来面目”等等，都是成佛的意思，并且以为一旦开悟，“黑漆桶兜底打穿”，便是成佛了。

其实，开悟并不是成佛，甚至也并不是见道，比如宋朝的高峰原妙禅师，自称他一生用功，大悟十八次，小悟不知其数。可见，开悟并非成佛，如说开悟即是成佛，乃是成的“理佛”乃至“相似佛”，而绝不是“究竟佛”。充其量，禅宗的开悟，相近于“得法眼净”——见道——小乘的初果、大乘的初地而已，所以禅宗破了三关——本参、重关、牢关之后，才是走出生死之流的边沿。如果以天台圆教的“六种即佛”来衡量，禅宗破了第三的牢关，也仅同于第四“相似即佛”位。正因如此，禅宗的祖师，当他们参到一个“入处”——“黑漆桶兜底打穿”之后，往往倒要隐于水边林下去“长养圣胎”了，因为他们尚未进入圣阶，充其量，是走完了成佛之道的 1/3 的路程而已——三大阿僧祇劫的第一阿僧祇劫届满。

从这一点看来，一些只知盲修瞎参的禅客们，可以把神智清一清了，因为，他们纵然已经破了三关，也不过是贤位的凡夫而已。

35

佛教对于现实人间的前途是悲观的吗?

凡是正信的佛教徒，对这个问题，他会坚决地回答一个“不”字。

因为，佛教相信，再过一个相当长远的时间，大约是在五十六亿年之后——一定是在地球尚未毁灭之前，那时另有一位佛陀在人间出现，称为“弥勒世尊”。那时的人间，道德的建设、物质的建设，使得地球成为安乐的、庄严的、美化的、清净的、平整的、统一的、自由的、善良的、互助的乐土；不论在交通、住宅、衣服、饮食、池沼、园林、果木、花卉、娱乐、教育、文化等各方面，都已健全了、丰富了、美化了、净化了；那时的人体高大，寿命绵长，相貌端严，精力充沛；世界是统一的，语言文字是统一的，思想也是统一的，全世界的人，都像兄弟姐妹一样，生活在康乐之中。那时的人类，除了尚有寒、热、饥、渴、大便、小便、淫欲、饮食及老死的感受之外，那几乎是像西方的极乐世界已经迁移到了地球的人间。①

佛教相信，凡是在释迦世尊的佛法中皈依信仰的人，到了弥勒佛出世的时候，都将同时出世，同听说法，同受弥勒佛的授记——告知你将在何时成佛。

弥勒出世距今的时间虽远，正信的佛教，却深信那个时间必将来临；为了迎接那个伟大而光明的时代的来临，预先从事于人间社会的各项建设，乃是正信的佛教徒应负的责任。（详见弥勒三经，《长阿含经》卷六第六经及《中阿含经》卷十三第六十六经，《增一阿含经》卷四十四《十不善品》第四十八第三经）

---

① 参阅《佛祖统纪》卷三十（《大正藏》四十九·三〇〇—三〇一页）弥勒年代亦有异说。

36
劫是什么意思？

“劫”是梵文劫簸（kalpa）的音译，它在印度，并不是佛教创造的名词，乃是古印度用来计算时间单位的通称，可以算作长时间，也可以算作短时间，长可长到无尽长，短也可以短到一刹那。①

不过，通常所称的劫，是指我们这个娑婆世界的长时代而言。

佛经中所说的劫，分为三等：

（一）小劫。依我们地球的人寿计算，从人类八万四千岁的长寿，每一百年减短一岁，减至人类的寿命仅有十岁

① 劫与三世劫的千佛。时间参看《佛祖统纪》卷三十（《大正藏》四十九·二九七一二九八页）。

时，称为“减劫”；再从十岁，每一百年增加一岁，又增加到人寿八万四千岁，称为“增劫”。如此一减一增的时间过程，总称为“一小劫”。

（二）中劫。经过二十个小劫，称为一个“中劫”。因为，据佛典中说，我们所处的地球，共分“成、住、坏、空”四大阶段，每一阶段的时间过程，均为二十个小劫。在这四大阶段中，唯有“住”的阶段，可以供人类生存。初“成”的阶段是由气体而液体、再由液体而凝固，所以不堪人类的生活。到了“坏”的阶段，正在剧烈的破坏之中，也不适合人类的生存；据说是经过四十九次大火灾，七次大水灾，一次大风灾之后，地球便归消失。“坏”劫终了，“空”劫开始，在空无一物中再经过二十小劫，另一新的地球便又逐渐形成，进入另一期的“成”的阶段。佛教把这“成、住、坏、空”的四大阶段，称为“四个中劫”，分别称为“成劫、住劫、坏劫、空劫”。

（三）大劫。经过“成、住、坏、空”的四个中劫，便是一个大劫。换句话说，地球世界的一生一灭，便是一个大劫。然而，坏劫中的每一次大火灾，可从无间地狱，一直烧到色界的初禅天；每一次大水灾，可从无间地狱，一直淹到色界的二禅天；最后一次大风灾，可从无间地狱一直吹到色界的三禅天。也就是说，每一次大劫的范围，除了色界的第四禅天及无色界的四空天，三界之内的动植飞潜，一切万物都是在劫难逃。不过，不用悲哀，当坏劫来临，此界的众生，或者已转生他界，或者已直生第四禅天，不会有一个众生没有安身之处。

佛经上所称的劫，如不标明中劫或小劫，通常是指大劫而言。在三界的众生，未了生死之前，最短的寿命短到即生即死，最长的寿命是修四空定的无色界众生，最长的有想无想天寿命长到八万四千大劫。他们的生命，相当于地球的八万四千次生灭的过程，所以在他们自以为已经是不生不死，其实，八万四千大劫终了，仍然要接受生死。在佛眼看来，八万四千大劫，也仅刹那之间的时光而已。唯有修持解脱道，空去了“我”，才入涅槃——不生不死的境界。唯有再进一步空去了对“法”的执着，才能称为菩萨，自己解脱生死仍不住于涅槃，随类应化众生，走向成佛之道。

大家也许要问：我们的地球还有多长的寿命呢？这个嘛！可有一个比喻，如果地球的“住”劫寿命是一百岁的话，那么，如今的地球，尚在四十五岁的阶段，住劫共有二十小劫，目前是在第九小劫的减劫时期，所以，请大家安心地生活下去，不用担心基督教所说的“地球末日到了”。不过，在每小劫的减劫减到十岁的寿命之前，也有疫疠、饥荒、刀兵的三灾降临人间。由于减劫人心的日益堕落，自作自受，可是，这三种小灾是局部性与暂时性的，人类虽将死亡惨重，但不会消灭。相反的，倒有一个好消息报告大家：在此以后的十个半小劫之中，尚有九百九十六位佛陀，将在我们的地球世界成佛，今后第一位来此成佛的，就是弥勒佛，所以佛教称弥勒为“当来下生弥勒尊佛”。弥勒下生地球成佛，是在第十小劫的增劫人寿八万岁时，大约距离现在是五十六亿年（以千万为亿计算）。①

至于人寿的增减，乃至增长到八万四千岁，我们不妨信为事实，因为大小乘经中，都有如此的记载，并说：“其寿减至十岁时人，女生五月便行嫁；是时世间酥油、石蜜、黑蜜诸甘味，不复闻名。”又说：“八万岁时人，女五百岁始行出嫁；时此大地坦然平整，无有沟坑丘墟荆棘，亦无蚊虻蛇蚖毒虫，瓦石沙砾变成琉璃；人民炽盛，五谷平贱，丰乐无极。”（《长阿含经》卷六）

① 阿僧祇为《华严经》中百二十四个大数的第一〇五个。若以万万为亿，万亿为兆，则一阿僧祇相等于一千万万万万万万万万万兆，又名为无央数。

37

大千世界怎么讲?

佛经中说，一个日月系，为一个小世界，须弥山为日月环绕的中心，也就是说，一个须弥山，即是一个小世界。须弥山的问题，至今仍是佛教学中的谜，一些开明的看法（如日本学者），说是出于印度古老的传说。佛陀在世时，仅是假用传说来阐明佛法，传说中的须弥山的或有或无，不是佛陀所要阐明的目的。佛陀的目的，乃是利用须弥山的传说而阐明觉世济民的佛法。这是很可取的，但是，若要说到佛教的世界观，那又非要说到须弥山不可。须弥山究竟何在？笔者不敢否定，但也无从肯定，在我们尚未究明真相之前，存疑是比较安全的态度，所以我想把须弥山的问题，暂且搁置一边。①

① 世界观参阅《佛祖统纪》卷三十一《世界名体志》。

小世界的范围，既是一个日月系，那该是指的太阳系或恒星系了，因为每一恒星，均有若干的卫星，恒星都是日，卫星都是月。

对太阳而言，月球固是月，地球等九大行星，既是卫星也是月。

一千个小世界，称为“小千世界”。小千世界每一小世界的范围，是由一个须弥山至色界的梵天。

一千个小千世界，称为“中千世界”，中千世界每一中世界的范围，到达色界的光净天。

一千个中千世界，称为“大千世界”，大千世界每一大世界的范围，到达色界的光音天。

大千世界，是由一千小世界，累进千倍为中千，再由中千累进千倍，一共经过三次千数的累进而成，所以称为“三千大千世界”，其实只是一个大千世界而已。

大千世界的统治者，是色究竟天的大梵天王。

每一个大千世界，都有一位大梵天王，大千世界有无量无数，大梵天王也有无量无数。

我们这个大千世界总称为“娑婆世界”，每一大千世界，即为一佛的化区，释迦世尊称为娑婆教主，原因即在于此。

我们所处的地球，乃是大千世界中的一个微不足道的单位而已，释迦世尊为了普化他的化区，所以要用千百亿化身，才能应化周全，虽化千百亿身，仍在娑婆世界的一个大千世界中而已。

由此可见，佛教的世界观，该是多么的广大而又合乎近代天文学的观点了。

38

佛教的修持方法是什么？

这是一个非常重要的问题。如果仅仅信仰佛教而不作佛教生活的实践，那只算是种了一些将来成佛的善根种子，但却很难得到即生的利益。

佛教的修持，即是佛教生活的实践。最主要的有四大项目，那就是：信、戒、定、慧。

没有信仰心，根本尚未进入佛门，所以，信心是学佛的基本要求。皈依三宝，就是信心的最初建立。

戒的内容很广，一般的要求，能够持好五戒十善便可以了，若能增受八戒乃至菩萨戒当然是最好的事。戒对于佛教徒的功能，好像战场的防御工事对于戍守士兵的功能。若不先把五戒十善持好，根本没有佛教徒的气质；如不持戒而修禅定，也会落入魔境。

禅定，是收心摄心而使心力不受外境动摇的功夫，这也是各种宗教共同着重的功夫，印度的各外道宗教都修定，中国道教的吐纳以及西方基督教的祈祷，也都是禅定功夫的一种。禅的功能，能使心念集中定于一境，唯有有了心定一境的功夫，才能体察到宗教价值的崇高伟大，才能得到身心方面的轻利安乐——绝非五欲之乐能够相比。一旦有了这种心定一境的经验之后，他的宗教信念也会加倍地提升，再要他不信也不可能。

但是，禅定的功夫并不是佛教独有的，佛教独有的是指导禅定并脱落禅定之贪着的智慧，因为，禅定虽是不受外境动摇的内证功夫，一旦进入禅定，受到禅悦之乐，便容易贪恋禅悦之乐而不思离开禅定了。像这一类人，一旦色身死亡，神识便生禅天。但在佛教的境界层次中，禅天分为高下的八大等级，称为“四禅八定”。四禅八定都是三界之内色界及无色界的天境，天的寿命虽长，却未解脱生死，所以佛教只是把禅定当作修持的一种方法，而非修持的目的。所以中国的禅宗，虽然以禅为宗，却是重开悟而不重禅定。悟，就是智慧的开发，唯有开发了悟透诸法实相的智慧，才能解脱生死而出离三界。

事实上，有关修持的问题，最好是亲近大善知识，才能摸着门路。

39

佛教是主张苦行的宗教吗?

当我们尚未解答这个问题之前，应该明白一下“苦行”两字的定义。

一般所说的苦行，大抵是指以自苦为手段，以解脱为目的而言。从原则上说，这个观念并没有错，若从出发点上说，却大有区别：有的是盲目的自苦，有的是有理想的自苦。盲目的自苦，往往都是指的盲修瞎炼，砂中榨油，既没有理论的根据，也没有一定的目的。有理想的自苦也有分别：一是迷信的，一是理性的。迷信的自苦是指以为持了牛戒吃草、持了狗戒吃屎、持了鱼戒浸水，便可在死后生天。理性的自苦也分两种：一是以合理的修持方法，寻求自我解脱；一是利用可资自我解脱的身心，协助他人（众生）解脱。

除了理性的自苦，其余均是外道的苦行。

近人有些认为佛教不主张苦行，认为佛教是主张苦乐中和的中道行者。当然，佛陀成佛，也是在他放弃了六年的苦行，把羸弱的身体调养复原之后（《增一阿含经·增上品之八》）。不过我们必须明白：佛陀放弃的是盲目的苦行或是迷信的苦行，却又强调理性的苦行。寻求自我解脱是小乘的苦行，协助他人（众生）解脱是大乘的苦行。

因此，在《长阿含经》卷八中，有着这样的叙述：

佛对尼俱陀梵志说："汝所行者，皆为卑陋：离服裸形，以手障蔽……或食牛粪，或食鹿粪，或食树根枝叶果实……或有常举手者，或不坐床，或常蹲者……或有卧荆棘者……或有裸形卧牛粪上者，或一日三浴，或有一夜三浴，以无数众苦，苦役此身！"

像这样的苦行，佛陀是极端反对的，因为那是除了自讨苦吃就毫无意义，既不能修身养性，又不能修心入定，更谈不上修行而利益他人。

佛陀接着把佛教的苦行告诉了尼俱陀梵志：

"彼苦行者，不自计念：我行如是；当得供养，恭敬礼事……得供养已，心不贪着，晓了远离，知出要法……闻他正义，欢喜印可……不自称誉，不毁他人……不杀、盗、淫、两舌、恶口、妄言、绮语、贪取、嫉妒、邪见……精勤不忘，好习禅定，多修智慧……不为贡高憍慢自大……常怀信义，修反复行，能持净戒，勤受训诲，常与善人而为伴党，积善不已……不怀憎恨，不为巧伪，不恃己见，不求人短，不怀邪见（不信因果为邪见），亦无边见（不是中道，便是边见：相信灵魂永恒不变，或者不信死后另有境界），是为苦行离垢法也。”

我们读了这一节佛教的苦行法门，该会感到无限的亲切。它的内容，无非是持戒、禅定、智慧等的解脱法，但也正是人间世的处世法。但这尚是属于理性的求解脱的法门。到了大乘经中，更加鼓励我们去大施大舍、难忍能忍、难行能行了，为了救济众生可以牺牲自己的一切，并且要发愿生生世世救济众生而牺牲自己，乃至做到“三千大千世界，无一微尘，不是菩萨舍身命处”。像这样的菩萨行，能说不是大苦行吗？

因此，凡是正信的佛教徒，他必须检查身心，刻苦自励，待人要厚，自供要薄。唯有降低了物欲的生活，才能提高精神的领域、精勤于道业的修持、努力于事业的发展、贡献于大众的公益——发大愿心，为全体人类义务劳役，做一切众生不请之友，乃至牺牲自己而救济他人，这便是佛教的苦行。如果有人以不吃烟火食，不过人的生活，而以显异出奇作标榜，那便是外道的苦行。

40

六根清净怎么讲?

“六根清净”这个名词，在一般不知佛法的人看来，是非常浮浅的，甚至非常好笑的。他们以为凡是出了家的僧尼，一定就是六根清净的人。如果稍微沾染了一点男女钱财的习气，一些专门喜欢扬恶隐善的新闻记者，便会在报纸上大做他们“六根不净”的渲染文章！至于什么叫作六根，什么又叫作六根清净？他们是不想知道的。

其实，“六根清净”四个字中，大有道理。

六根，是指生理学的全部范围。佛教看宇宙人生，既不是唯物论者，也不是唯心论者，更不是唯神论者，乃是主张因缘和合的缘生论者。所以，佛教看一个人的构成，是从心理、生理、物理的三方面来分析的。上面所说的六根是属于生理学，加上六尘的物理学及六识的心理学，便是一个人的总和。六根、六尘、六识的形成，称为“十八界”。十八界的三大类，构成鼎足之势，相互为用，缺了一类，其他的两类也就不能存在。因为六尘与六识要靠六根的媒介才有作用，六尘与六根要靠六识的判别才有价值，六根与六识要有六尘的反映才有功效。

如果要下一个比喻，那么，六根是镜子，六尘是被镜子所照的影像，六识是判别镜中所照影像的人。

什么是六根、六尘和六识呢？说起来很简单，那就是：眼、耳、鼻、舌、身、意。从心理与物理的媒介功能上说，称为“六根”，也就是生理学上的神经官能。眼有视神经，耳有听神经，鼻有嗅神经，舌有味神经，身有感触神经，意有脑神经，这些都是心与物的媒介的根本，所以称为“六根”。

从六根所接触的对象上说，称为“六尘”，也就是物理学上的各类物质。眼根所见的颜色和形色，耳根所听的声音，鼻根所嗅的香臭，舌根所尝的味道，身根所触的粗细冷热与湿滑等，意根思想的称为“法”——极微极远的、无从捉摸的东西，这些就被称为“六尘”。

从六根接触六尘而产生的判别力与记忆力上说，称为“六识”。如果没有六识而仅有六根与六尘，那就不是活人而是死尸，所以六识是六根的操纵者，六根是六识用来接触六尘的工具。

那么，为什么要称为“六根清净”呢？

因为六根是六识的工具，作善作恶，固然是出于六识的主张，造成善恶行为的事实，却在于六根的作用。人之流转于生死轮回的苦海之中，就是由于六根不曾清净，自从无始以来的一切罪业，均由六根所造，比如眼根贪色、耳根贪声、鼻根贪香、舌根贪味、身根贪细滑、意根贪乐境。有贪，也必有嗔，贪与嗔，是由无明——烦恼而来，合起来，就是“贪、嗔、痴”的三毒交加，恶多善少，永无出离生死苦海的日子了。

修持解脱道的功夫，不外戒、定、慧的三学，但是，慧的主要根源是戒与定，所以修持的入门功夫，应从身心的两方面着手，一是修身，一是修心。把不好的念头修理掉，称为“修心”，修心的主要功夫是禅定；把不好的行为修理掉，称为“修身”，所以修身也可称为修行，修身的主要功夫是持戒，持戒的目的是在守护根门——守卫保护住六根的大门，不让坏事从六个根门之中溜进我们的心田，以致种下生死流转的祸苗。

因为，一个凡夫，除了进入禅定的境界而外，就不能没有妄想，妄想是促成六根造业的导火线。佛教的戒律，就是妄想与六根之间的保险丝或灭火器，在戒律的防卫之下，六根才能渐渐地清净。一旦到了六根清净的程度，超凡入圣的境界，也就快要接近了。

所以，一般的凡夫僧尼，只能在戒律的保护下，勉强守住了六根，至于“清净”二字，那是谈不上的。一般人的观念，总以为僧尼们只要不犯淫行，不贪非分之财，不介入人我是非，便算是六根清净了。事实上，凡是贪逐于物境的受用，总是六根不净，不论是看的、听的、嗅的、吃的、穿的、玩的、用的，只要有了贪取不舍的情形，就是六根不净。因为除了男女及钱财等的问题，都不容易觉察出来，净与不净，也就很少有人细心地注意它了。

根据中国天台宗的判断，六根清净位，便是五十二个菩萨阶位最初十阶的十信位，要断见思二惑——相当唯识宗的分别烦恼与分别所知的二障，这应该是从普通（外）凡夫进入贤位（内）凡夫的阶段。

又据《法华经》及《涅槃经》中说，能得六根清净，便可六根互用。所谓六根互用，那是说，六根之中的任何一根均可兼备其他五根的功能，眼能见色，也能闻声、嗅香、尝味等，耳能闻声，也能见色、嗅香、尝味等，鼻根、舌根、身根、意根也是一样。

六根清净了，就能六根互用，这在一般的读者看来，难免会说这是神乎其神的神话。事实上，我们之所以不能六根互用，正因为自己把六根的官能限制住了。也就是说，我们利用六根而执取六尘，六尘充塞了六根，障碍了六根，六根便成了六尘的奴才，也习惯地成了六尘的应声虫。色尘来了，眼根应付。声尘来了，耳根应付；香尘来了，鼻根应付，舌、身、意根，也是一样。

如果不是这样，如果六根不执六尘，六根不受六尘的支配与诱惑，那么六根就从六尘之中得到了解脱。解脱了的六根，便是自由的六根，自由的六根，自然可以彼此互用而不分界线了。这个自由的六根，也就是清净的六根，因为自由的六根虽然仍与六尘打交道，但已不受六尘的引诱而造生死的染污之业，所以称为“六根清净”。

说得明白一些，所谓六根清净，不是没有了六根，而是我们的生理官能，不再随着外境的幻象而转，这就叫作一尘不染——但这绝不是等闲的功夫所能办到的事。

为了便于读者的记忆，再将六识、六根、六尘的名目，抄录如下：

（一）眼、耳、鼻、舌、身、意——六识

（二）眼、耳、鼻、舌、身、意——六根

（三）色、声、香、味、触、法——六尘

六识发动六根而接触六尘，六尘映入六根而由六识判别及记忆保存，再从六识的记忆保存中显现出来，发动六根贪取六尘，就这样交互回还而造成生生死死之流。六根清净的目的，便在断绝并超越这一生生死死的生命之流。

41

四大皆空怎么讲?

“四大皆空”，空去哪四个大呢?

不懂佛法的人，他会脱口而出地告诉你：“空了酒、色、财、气，就是四大皆空嘛!”

其实，这与佛教所说的四大皆空，根本是牛头不对马嘴。因为佛教所讲的四大，是指“地、水、火、风”的四大物质因素。

四大的观念，也不是佛教发明的，这是人类对于宇宙本体的初期探索而得的结果，在东西方的哲学思想史上，几乎有着同样的趋势。比如中国《书经》所记的“水、火、金、木、土”（五行）；印度《吠陀》本集所说的世界形成，是基于“地、水、风、火、空”的五种自然因素；希腊古哲学家恩比多克里斯（Empedocles），也曾提出“气、水、土、火”为宇宙间不变的四大元素。

总之，不论五行也好，五大也好，四大也好，都是指的物理界的基本元素。如果仅限于此而胶着于此，那么，发展的结果，便是唯物论者，所以，这些思想，也是唯物论的先驱。

佛教讲四大皆空，是沿用印度固有的思想而再加以深刻化及佛教化的。因为地、水、火、风的四大元素，是宇宙物理的，比如山岳土地属于地大，海洋河川属于水大，阳光炎热属于火大，空间气流属于风大。如把它们化为人体生理的，比如毛发骨肉属于地大，血液分泌属于水大，体温属于火大，呼吸属于风大。若从四大的物性上说，坚硬属于地大，湿润属于水大，温暖属于火大，流动属于风大。但是，不论如何分析四大，四大终属于物质界而无法概括精神界的。所以唯物论者以四大为宇宙的根源，佛教则绝不同意这样的说法。

佛教所讲的四大，也有小乘与大乘的不同。从大体上说，小乘佛教所说的四大，是指造成物质现象的基本因缘，称为“四大种”。意思是说，地、水、火、风，是形成一切物质现象的种子，一切的物象，都是由于四大的调和分配完成。四大和谐，便会欣欣向荣；四大矛盾，便会归于毁灭，物理现象是如此，生理现象也是如此，所以佛教徒把病人生病，称为“四大违和”。小乘佛教观察四大种的目的，是在使人看空我们这个由四大假合而成的色身，不以色身为实在的我，不因执取色身为我而造种种生死之业。一旦把我看空，便会进入小乘的涅槃境界，不再轮回生死了。

大乘佛教所说的四大，不是指的根本元素，而是指的物态的现象，是假非实。是幻非实，对于物象的形成而言，仅是增上缘而非根本法，虽也承认四大为物象的种子，但不以为四大是物象的真实面貌。小乘佛教因为只空我而不空法，所以虽把物象看空，仍以为四大的极微质——“法”是实有的。不过，小乘佛教不是唯物论，而是多元论，因为佛教的空不仅空去四大，乃要空去五蕴，四大，只是五蕴中的一蕴而已。

什么又叫作五蕴呢？那就是：色、受、想、行、识，前一属于物质界，后四属于精神界，四大，便是色蕴。

关于五蕴的内容，已非本文所能介绍，因为五蕴是个很大的题目，我们只能在此说一句：五蕴是三界之内的生死法，空去五蕴，才能超出三界的生死之外。同时，我们由于五蕴的提出，证明佛教不是只讲四大皆空，而是要进一步讲五蕴皆空的。尤其重要的是，佛教的重心，并不以四大为主，而是以识蕴为主。至于受、想、行的三蕴，也是识蕴的陪衬，乃是用来显示精神界的功用之广大的。所以，佛教不是唯物论者，而是缘生论者。

42

佛教徒是不孝顺父母的吗?

的确，有些人士，喜欢如此批评佛教，因为他们见到佛教的僧尼，不能像俗人一样地所谓“敦伦”。他们在褊狭的家族观念及宗法思想之下，认为出家是大不孝的行为。“不孝有三，无后为大”（《孟子》），虽不是儒家的主要思想，然而，直到现代，仍有一些偏激的儒家学者，批评佛教是反孝的宗教。

其实，佛教对于孝顺父母的教训，在大小乘的经律之中，可谓多得不胜枚举。只要多看几部佛经，就会明白，佛教不但不是反孝的，乃是极端崇孝的。比如佛在《大乘本生心地观经》中说：“父有慈恩，母有悲恩，母悲恩者，若我住世于一劫中说不能尽。”所以说：“经于一劫，每日三时割自身肉以养父母，而未能报一日之恩。”又说：“是故汝等勤加修习孝养父母，若人供佛福等无异，应当如是报父母恩。”《增一阿含经》卷十一以供养父母准同一生补处的大菩萨。在《五分律》卷二十中，也有一个故事：当时佛的一位罗汉弟子，名叫毕陵伽婆蹉，因他的父母贫穷，想以衣食供养，但又不敢，所以请示佛陀，佛陀因此集合比丘弟子们开示：“若人百年之中，右肩担父左肩担母，于上大小便利；极世珍奇衣食供养，犹不能报须臾之恩。从今听诸比丘尽心尽寿供养父母；若不供养得重罪。”《增一阿含经》卷十一也有类似的教训。又在《中阿含经·鞞婆陵耆经》中说：有一位迦叶佛时的贫苦工人，叫作难提波罗，他受了佛的教化，完全实行出家的生活方式，但他为了奉养他双目失明的老年父母，所以宁可做陶器来维持生活而不去出家。

事实上，佛教的修持，虽以出世离欲的出家生活为可贵，但也不强制人来出家，甚至在戒律之中有明文规定，父母不允许的，便不能出家。如果父母贫穷而无人奉养时，出了家的儿女，仍应尽心奉养，否则便得重罪。《根本尼陀那》卷四也说：“假令出家，于父母处，应须供给。”这岂能说佛教是反孝的？当然，如果思想褊狭而复幼稚的人们，一定要说唯有婚嫁生育才算孝道，那就无话可说了——说也难怪，今世一般的俗人，除了养育各自的子女，已经很少能够孝养各自的父母了。这也许就是迷信“无后为大”的结果罢！

至于佛教所讲孝道的观念，实在不是迷信“无后为大”

的人们所能了解。佛教以为人在生死流转之中，今天固然有父母，过去未来的无量生死之中，也有无量无数的父母，孝养今生的父母，也要救济过去未来的父母。在菩萨的眼中，“一切男子是我父，一切女人是我母，我生生无不从之受生”（《梵网经》)，所以菩萨道的实行者，广度众生，等于孝敬父母。当然，佛教不像被孟子批评的墨者那样——视人之父若己父是无父也。佛教是从现生的父母为主而推及过去未来的三世父母。所以佛教对于广度众生，是报父母之恩的扩大，那叫作报众生恩，是由父母而推及众生的。所以，作为一个佛教徒，首先要孝养父母，然后再去布施放生及供养三宝。

世俗的习惯，人逢自己的生日，便大大地欢乐吃喝一番，称为庆生，或称为祝寿。其实，这是不正确的想法。以佛教的观念来说，自己的生日，正是母亲的难日，应该把怀念母难的情绪提高，应该于母难的日子特别怀念父母的生育教养之恩，应该加上十倍百倍地恩孝父母，而不是尽情欢乐地为自己庆生。如果父母已经过世，那就尽其所能，布施放生，供养三宝，以此功德，回向父母之灵，自身也能得到植福延寿的实效。否则大张筵席而造成鸡鸭猪羊等的杀劫，那不是祝寿，而是折福!

43

佛教是重男轻女的吗？

在上座部的南传佛教，由于特别重视比丘的身份，无形中有重男轻女的观念，因为佛陀对比丘们常常告诫女色的可怕，女色是魔、是蛇。

其实，佛陀的本怀未必重男轻女，因为色欲是属于男女双方的，对男众说女色可厌，对女众说，男色岂不也是可厌？

所以，从学佛证果的观点上说，男女是平等的，女人除了必须转了丈夫身才能成佛之外，至于成罗汉、成菩萨，根本是没有男女差别的。比如观音常现女身，也唯有女人的气质最能近乎慈悲的菩萨精神，佛也常说“以慈悲为女”。女人所缺少的是强劲勇猛的魄力，故在佛经中以为女人不能做统治四天下的转轮圣王。

44

佛教是反对家庭制度的吗?

不是。佛教绝不勉强改变任何人的生活方式。出家，仅是佛教生活方式的一种，家庭才是佛教建设的根基所在。如果反对家庭制度，佛教的僧尼也将无以为生。

相反地，佛陀却曾极勉励家庭生活的如理建立，比如《善生经》，就是一部指导在家生活的经典，指导在家人应该建立正确的伦理生活：

子女对父母要报恩、要孝顺，父母对子女要教养、要婚配；弟子对师长要供养、要恭敬，师长对弟子要尽心教导，要代选择明师善友；妻子对丈夫要敬爱服侍、要诚实料理家务，丈夫对妻子要给养服饰饮食、要怜念、要亲亲；主人对仆从要给食、要体恤，仆从对主人要服从、要尽职；亲族邻友对待亲族邻友，都应互相敬爱、互相济助、互以赤忱相待、互以善言规勉；在家人对待出家人要恭敬设座、要布施供养，出家人要教在家人信善学善（以上是摘其大要而非经文）。

此外，不妨参阅另一篇拙作《怎样做一个居士》（此文收录于《学佛知津》一书中）。

45

佛教徒可跟异教徒通婚吗？

“异教”（Heathenism）原是犹太人及基督教给异民族的鄙夷之称，我们借用代替“外道”，但不作鄙夷想。

佛教不像那些民族化或家族化的宗教，佛教没有这种种族歧视或宗教歧视。宗教信仰虽与家庭生活有密切的关系，婚姻又是组成家庭的基础，但对一个佛教徒而言，并不要求首先改变了对方的宗教信仰然后再行结婚。但是，一个正信而有修养的佛教徒，必定能在婚后的夫妇生活中，促成对方来改信佛教。

这在佛教的经典中，是有根据的。曾有一个佛教徒的妹妹，嫁给了裸体外道的信徒室利笈多。那个裸体外道的信徒最初极端地反佛乃至害佛，最后终于唾弃了裸体外道而皈依了佛教（《根本目得伽》卷七、八）。另有佛的信女须摩提，也嫁给了外道的信徒，感化了外道的信徒（《增一阿含经》

卷二十二《须陀品》之三）。

因此，一个正信的佛教徒，在四摄法的“同事”的原则之下，不但不要求配偶首先放弃了原有的宗教信仰，甚至可以先去投合对方的宗教信仰，结婚之后再来潜移默化，转变对方的宗教信仰。这就是先使自已同于他，再使他来同于己。

当然，婚姻是终身的大事，是家庭幸福的基础。一个初机信佛的佛教徒，不必利用婚姻作为传教的手段而致造成不幸的后果。所以，婚姻的主要条件，不应该是宗教的信仰，而是彼此之间的情投意合。

因此，如果没有把握感化对方，最好选择同一信仰的配偶，如理组成佛化的家庭，否则，由于宗教信仰的不同而导致婚姻的悲剧，那是很不幸的。

再说，组成佛化的家庭，虽是佛教徒的应有责任，万一由于配偶的信仰不同而坚持他的不同信仰，一时之间又无法改变他的信仰，那么，宗教的容忍，应该能使互相尊重各自的信仰。正信固比迷信好，有信仰也比没有信仰好。在如此的情形下，应当信仰是信仰，夫妻是夫妻，教堂（寺院）是教堂（寺院），家庭是家庭。因为，佛教本来不是家族化的宗教，而是自由化的宗教。佛陀不障碍他人信仰外道，佛陀不反对他人供养外道，乃至要对弟子说：“汝当随力供养于彼。”（《中阿含经》卷三十二第一百三十三经）

46

佛教徒必须要行佛化婚礼吗?

佛化婚礼，在佛教的三藏典籍中，找不到明确的根据。所以，佛教并不强调佛化婚礼的重要性，凡是公开的婚姻，都会受到佛教的认可。佛教严禁私通，私通在佛教称为邪淫，是犯罪的行为。

至于佛化婚礼，在佛化家庭的建设上说，是有必要的。至少，佛化婚礼的举行，已经证明男女双方都是三宝的弟子。自从结婚之后，他们所组成的家庭，也必是佛化的家庭。所谓佛化家庭，是指信奉三宝并且实践佛法的家庭，至少那是一个修持五戒十善的家庭、一个和乐慈爱的家庭。

所以，凡是正信的佛教徒，应该举行佛化婚礼，并且鼓励亲友们举行佛化婚礼。

因为佛化婚礼在佛典中没有明确的根据，对于婚礼的仪式，迄今尚没有统一的规定。不过，主要的仪式，应该是皈依三宝及宣誓相敬相爱，在三宝的光照之下，结为夫妇，以爱情相助，以道情相勉。

根据比丘戒的规定，出家人不得做婚姻的介绍人。但是，既没有说出家人不能做证婚人，也没有说出家人可以做证婚人。若以解脱道的观点衡量，出家人最好不做证婚人。若以菩萨道的观点衡量，为了佛化社会的理由，出家菩萨为人证婚，当可视为接引的方便。

47

佛教徒可以离婚吗?

离婚的问题，在佛典之中，也不容易找到明确的根据。不过，佛教主张婚姻的美满及婚姻的责任。既然结为夫妇，结婚之后，应该相亲相爱，互相尊敬，各守各的本分，各尽各的责任。佛教严禁邪淫（私通），婚姻破裂，多数是由于夫妇之间不能互守贞节。夫妻之间既然都能坚持不邪淫一戒，婚姻是不容易破裂的。即使破裂了的婚姻，佛教也主张破镜重圆。所以，佛陀虽不许比丘弟子们介入婚嫁的事件，但仍许可比丘们为“若男女先已通，而后离别，还和合”（《四分律》卷三）。因为，男女的离婚，对于彼此的心理都有不良的影响，尤其对于儿女的抚育，更要负起道德上的责任。根据这一论点而言，也可以说，佛教是反对离婚的。

不过，佛经中也没有说离婚是犯戒的行为。所以，万一由于感情的冲突、趣味的不投，乃至是出于虐待等的重大理由，在忍无可忍的情形下，是可以离婚的。如果是为了满足情欲的理由而离婚，那是不道德的，也不是佛教所许可的，故也是罪恶的。因为，夫妻的离异，最倒霉的是他们无辜的儿女。

在中国的古俗，男子丧妻可以再娶，称为“续弦”，以为那是道德的；如果女子丧夫，唯有守寡终生才是值得表扬的美德。这种“贞操”的观念，实在是由于轻女重男的习尚而来。在印度，并不如此，以印度教的《科多马法典》而言，主张丈夫他往六年而仍不得其音讯者，妻即可与其他男子通。佛经中的俗人出家时，必先舍其妻子，任妻自由，所以，失去丈夫的女子改嫁，在佛教是允许的，也是道德的。

48
佛教以为婴儿可以信佛吗?

佛教不承认基督教所说的“原罪”，所以也不以为婴儿的罪恶性。如果婴儿有罪，那是他们在过去生中的行为造作，熏附于他们的生命主体——八识田中，佛教称之为“业”。所以，婴儿不会由于出生的理由而继承了人类的“原罪”。

婴儿期间，尚没有自我判别的能力，信仰佛教的皈依仪式，必须是出于自我意志的宣誓，否则便不算皈依。佛教主张，七岁以上的儿童才可以出家，照此而言，皈依三宝的仪式，也该到七岁以上并且已有自我判别的意志之时，才可以举行。

不过，佛教深信功德的回向作用，所以佛教鼓励大家在婴儿出生的前后，以及为了庆祝婴儿的满月及周岁等时节，应该斋僧布施或念佛诵经，为婴儿的福寿智慧而祈祷（例如《增一阿含经》卷二十五《五王品》之二）。

49

佛教反对节制生育吗?

这在佛教界中，尚是一个未经讨论的问题。根据佛教的基本原则来说，只要不犯堕胎杀生戒，节制生育是不必反对的。为了子女的教养及生活的负担，节制生育是道德的。

正因为佛教严禁堕胎，佛教以堕胎与杀人同罪，不论被堕的胎儿已经成形，或尚未成形，凡是堕胎，便犯杀人罪。所以佛教反对以堕胎作为节制生育的手段。

因此，应当考察节制生育的技术问题。

佛教相信：中阴身（从死后到生前阶段中的灵体）的进入母胎，是在父母和合的当时，见了父母和合的情态，便起颠倒想——爱父的入胎则为女婴，爱母的入胎则为男婴，并且执取父亲射出的精子及母亲的卵子为“我”。

那么，如要节制生育，所应处理的阶段，须在精子尚未进入卵子之前，否则即成堕胎的杀人罪。房事之前，先服避孕的药物，或先安置避孕器及药物，使精子接触不到卵子，或使精卵失去效能。这可能是道德的，但是确切地有把握不是杀死已经受孕的胎质才行，否则如果没有更安全的方法，最好不要节制生育。若想节制生育，那就只有一个办法，也是佛教最赞成的一个办法——节欲。

50

佛教徒有国家观念吗?

佛教是崇恩主义的宗教，父母、众生、国家、三宝，称为“四恩”，孝养父母、广度众生、爱护国家、恭敬三宝，不是为了求取什么，完全是为了报恩的动机。所以对一个正信的佛教徒，不容怀疑他的国家意识。

佛陀释迦世尊，成道之后，经常在外游化，很少回到自己的故国迦毗罗卫。但当他晚年时代，舍卫国的青年国君琉璃大王，为了报复迦毗罗卫国在他少年时代给他的侮辱，便发动大军，誓言消灭迦毗罗卫的释迦种族。这被佛陀知道了，便一个人在琉璃王的军队必定经过的道中，坐于一棵枯树之下，任由烈日曝晒。琉璃王见了，便问佛陀，何以不坐在有叶的树荫之下？佛的回答是很感人的：“亲族之荫胜外人也。”（《增一阿含经》卷二十六《等见品》第三十四之二）

就这样，琉璃王进军了三次，三次都见到佛陀坐在枯树之下，所以也撤退了三次。到第四次，佛陀知道这是释迦族的共业，也是无法挽救的定业，虽然同情与惋惜，也是爱莫能助。琉璃王第四次进军时，佛陀才放弃了挽救故国厄运的努力。

在中国佛教史上，比如玄奘大师出国之后，曾为中国的文化在印度留下了辉煌的成果，虽在印度受到了崇高的敬仰，但仍念念不忘返回祖国的怀抱。法显大师在锡兰时，有人供养他一面中国的白绢扇子，他在异地见到了祖国的东西，竟然激动得“泪下满目”。这种热爱祖国的情怀，实在也是佛教精神的流露。

在唐朝的天宝年间，安禄山造反，因为国库的财政贫乏，就有神会大师出来，帮助郭子仪，大事筹募，以“香火钱”所得，接济当时的军需，终于平定了历史上著名的“安史之乱”。

明朝的开国之君朱洪武，推翻了蒙古人的统治，建立了汉人的政权，这是一位雄才大略的民族英雄。但是谁都知道，明太祖不仅是正信的佛教徒，而且在他少年时代出过家。

近代有一位宗仰法师，是中山先生的知友，他对国民革命，也曾做出了许多的贡献。

当然，若从佛教的理想社会而言，佛教绝不是褊狭的帝国主义者，而是彻底的无政府主义或世界大同主义，乃至是无限的宇宙大同胞主义，因为他爱全人类乃至爱一切的众生。可是，民族主义乃是达到一宇宙大同胞主义的基础。若要达成这一目的，必先要从热爱他的国家民族做起，否则便无从生根。

51

佛教徒能够参加军政工作吗?

佛教不是一个政治性的宗教，所以佛教徒们，不会有政治的欲望。

但是，政治的原则是治理众人的事，佛教徒既然也是众人之一，自亦不能脱离了政治而生活。

政治，应该分为政权和治权，政权属于人民，治权属于政府。佛教徒，至少应该享有政权的权利，比如选举、罢免、创制、复决等，佛教徒是必须参加的。近代中国高僧太虚大师，曾主张“问政不干政”，这是值得重视的。僧尼的职责是修行与弘化，直接从事于治权的掌握与执行，那是不应该的；对于政权的过问，乃是切身利害的问题，所以是应该的。根据这个原则，僧尼当可参加各级代议士的投票与候选，以期能将佛教徒的意见贡献给国家的建设。否则的话，即使佛教徒的权益，也将被人忽视了。这在释迦世尊的当时，也常以宝贵的意见，贡献给国王与大臣。当然，如果是为了急求出离三界而出家的人，纵然是政权的权利也可放弃，无奈在今后的社会却又必是“任是深山最深处，也应无计避征徭”的局面！

至于在家的佛教徒们，从事军政的实际工作，乃是应当的。一个有理想、有抱负、有热忱的在家佛教徒，应当要向各方面的各阶层去贡献出自己。

不过，根据佛制的戒律，僧尼可向军人说法，但绝对不可参加军中工作。如果强制僧尼入营，那便等于勒令僧尼返俗！目前台湾地区的兵役法令，对于佛教的僧人，尚无通融的规定。在泰国，他们有一套非常优良的法令，僧人不服兵役，也不能利用僧人的身份来逃避兵役。

52

佛教是和平主义的宗教吗?

从佛教的本质上说，从佛教的史实上说，佛教确是世界各宗教中最最爱好和平的宗教。

佛教主张慈悲主义，能给予他人乃至一切众生之乐称为慈，能拔济他人乃至一切众生之苦称为悲，在慈悲主义的实践下，不会见到可嗔可恨的人，只有见到可怜可悯的人。所以，在佛教徒的观念中，战争是最最残忍的事，宁可牺牲了自己的生命，贡献出自己的生命，来感化强暴，来赢取和平，也不愿以牙还牙、以暴抑暴地从事战争。在佛教史上，佛教徒们常常遭受到异教或政治的迫害，除了从容殉教，从未有过暴力的反抗。比如佛陀时代，释迦族的迦毗罗卫国受到舍卫国琉璃王的侵灭之时，当时迦毗罗卫的统治者是佛陀的堂弟摩诃男，是虔诚的佛教徒。以当时释迦族人的武功来说，不但可以抵抗一阵，根本可以打败琉璃王的，但他们不愿流了他人的血。他们没有抵抗，便把城门打开，向琉璃王投降了，但是，琉璃王并不因释迦族的投降就赦免释迦族人的生命。在这种情形之下，摩诃男便向琉璃王要求，让他潜到水底去，当他未出水面之前，任由释迦族人逃亡；待他出水之后，再把未及逃走的释迦族人集体屠杀。琉璃王答允了，但是，摩诃男潜入水底之后，再也不出来了。看看释迦族人都要逃光了，琉璃王派人下水察看，发现摩诃男把头发系紧在水底的树根上，早已淹死了。为了所信的宗教，为了守持不杀生的和平主义，释迦族人宁可投降被杀；为了挽救族人的生命，摩诃男宁可自沉水底而壮烈地牺牲，终于也大大地感动了琉璃王，停止了他的屠杀计划（《增一阿含经》卷二十六《等见品》第三十四之二）。这则故事，很可以说明佛教是和平主义的宗教。

虽然，在佛经之中，也有说到以金刚怒目的精神，摧毁邪魔恶怪的势力的典故，但那毕竟是属于精神界的修持功夫，而不是现象界的实力表现。

不过，菩萨为了适应各类众生的根性及各种环境的需要，化现的姿态是可以活用的，比如《华严经》善财童子的五十三参之中，就有从事于烽火战争及严刑峻法的菩萨；观世音菩萨的三十三应化身中，也现有大将军身。在《瑜伽菩萨戒本》之中也说，菩萨如果见有恶贼为了贪劫财物而要杀很多的人，或者有人要杀已证圣果的大小乘圣人，菩萨为了不使那个杀人者因了杀死多人或圣人而堕无间地狱，宁可自己先把他杀了，让自己堕地狱——这种出于悲悯之心而非出于贪心及嗔心的杀人，佛教是许可的。

53

佛教是主张人性本善论的吗?

这是中国儒家思想中的问题，孟子讲人性本善，荀子讲人性本恶，扬雄主张人性是善恶混合，公孙子主张人性无善无恶。究竟哪一个的主张较对？大致上，后人喜欢靠在孟子的一边，因为孔孟才是儒家的正统思想。

因此，也可以说佛教是主张人性本善论的。佛说“大地众生皆具如来智慧德相”，一切众生皆有佛性。这是主张佛教性善论的根据。

事实上，佛教虽可说是性善论，也可说是性恶论，佛教的本质，却既不属于性善论，也不属于性恶论。

众生皆有佛性，是性善论；众生皆由于无始以来的无明覆障而致尚未成佛，这是性恶论。因为，性善论者可以防恶而还归于善，性恶论者则可以去恶而成其善；两者观点不同，目的却是一样。所以，佛教可以左右逢源而适其所适。

若从根本上说，儒家的性善论也好，性恶论也好，他们都仅仅是讨论当下一生的本性问题。说性本善与性本恶，是从呱呱坠地时算起的，今生以前的善恶行为——业，他们没有能力追究，今生死后的善恶行为，他们也无从再追究。孟子偏重了理性价值，所以说性善；荀子着眼在物性的转变，所以说性恶。其实，他们都只看到了一面而忽略了另一面。从这一点上说，佛教既非性善论，也非性恶论。因为，佛教看众生，是从无始以前看起，一直看到最终的目的达成——成佛，从当下的一生根本不能论断善恶；在众生来说，善的佛性与恶的无明，根本就是难兄难弟，分割不开。有佛性的时候，就已有了无明，它们是一体的两面。在生死，是无明，出生死，是佛性。物性是从无明开出，理性是由佛性萌芽。所以，说我们的本性是善，固然不对，是恶，也是不对。若从当下的一生而言，善与恶，理性与物性，乃是与生俱来，投于善则善，投于恶则恶。①

照这么说来，佛教是同于扬雄的善恶混合论了？那也不是，佛教主张：无明烦恼，是可以逐渐降伏而分分断除的，无明断尽了，佛性也就圆成了，这就叫作断烦恼证菩提，了生死入涅槃。在生死的凡夫位中，烦恼是恶，佛性是善；一

---

① 《佛祖统纪》卷三十五（《大正藏》四十九·三三六页）司马君实注扬雄之性善恶混，亦谓孟荀各得性之一面。

旦证了菩提，入了涅槃，根本就没有善恶可言。善恶问题，仅是世间法中的观念，出世法中，乃是无善无恶的。善别于恶，有善必有恶，所以佛教的目的，既不讲恶，也不讲善。其实善恶问题，纵是世间法中，也是没有绝对的，正像毒药可以毒死人也可救活人，良药可以救人也可能杀人一样。因此，圣位的佛菩萨，他们本身固然没有善恶可言，他们看众生也没有善恶的区别，唯有如此，才能怨亲平等而来普度众生。善与恶，不过是凡夫众生的自我执着而已。但这也不同于公孙子的无善无恶，因为在现实世间的凡夫位上，人性并非没有善恶，出世之后，才没法加上善恶的名目。

正因为佛教的善恶观念，是没有永恒性的，是要彻底废除掉的。如果一定要给佛教加上一个关于人性的什么论，那就只好勉强地叫作善恶解脱论吧！

54

佛教共有多少宗派?

这是一个无法避免的问题，因为，佛法虽只有一味，由于接受者的程度——根性的高下不一，以及生存时代与生活环境的差异，对于佛法的看法，也就因人而有不同的解释了。佛经中说“佛一圆音演说法，众生随类各得解”，就是指的这一层意思。站在佛的立场看佛法，法法可通涅槃城；站在佛弟子的立场，那就各有各的专长的法门了。比如最有名的十三位弟子，他们各有一种第一的特殊的性格，也各有他们的伴侣（《杂阿含经》卷一十六第四百四十七经），这可算是佛教分宗的最初征兆。

佛陀涅槃后的四五百年间，单是印度境内的小乘佛教，就分有二十个部派之多，他们往往仅是为了一个很小的问题的争执，动辄就结成一团，分成一派。

小乘佛教分得七零八落，而失去了统一教化的依准力量之际，马鸣、龙树的“般若空”的大乘佛教，便在印度境内应运而兴。

到了佛陀涅槃后约一千年之间，由于无著、世亲以至清辨、护法的“唯识有”的思想抬头，印度的大乘佛教，也就分成了空有二宗；稍后一些，由密宗的兴起，又将大乘佛教分为显密二教，把空有二宗，归入显教一类。这是印度佛教的大致情形。

佛教传入中国以后，最初没有宗派的门户之见，后来由于翻译事业的逐渐鼎盛，佛典的大量译成，以及佛教思想家对于佛法的分类判摄，才有宗派的出现。

中国佛教的宗派，最先成立的是由于东晋时代鸠摩罗什译介的三论或四论宗，这是印度空宗的法脉，到嘉祥大师而集大成。同时依据小乘的《成实论》而有成实宗；依据小乘有部的《俱舍论》而有俱舍宗；依据《涅槃经》而成涅槃宗，依据《十地论》而成地论宗；依据《摄大乘论》而成摄论宗；由达摩西来，传佛心印，而成禅宗；由唐代道宣专弘《四分律》，而成（南山）律宗；依据《法华经》的综合与开发，至智者大师而成天台宗；由玄奘大师西游归来，据《唯识论》而成法相宗（又称唯识宗）；依《华严经》的综合开发，至贤首大师而成华严宗；自慧远大师倡莲社专修持名念佛，至善导大师而成净土宗；最后由于唐代开元年间，西域来了善无畏等三位密教的高僧，译传了密部的经法，而成立了密宗。

这样算下来，中国佛教，共有十三宗之多了，其中除了成实与俱舍两宗属于小乘佛教，此外都是大乘佛教。

后来，由于各宗的相摄相抗，十三宗仅剩下了十宗，涅槃宗归入天台宗，地论宗归入华严宗，摄论宗归入法相宗。现在且把大小乘各宗与空有的关系，列图如下：

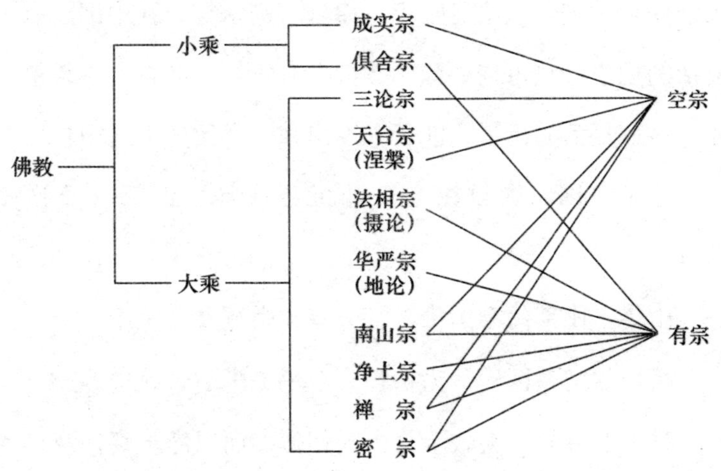

从以上所介绍的宗派看来，可谓洋洋大观，但自晚唐以来的中国佛教，小乘不受重视，三论、唯识，已无人研究，密宗在中国只是昙花一现。唐武宗会昌五年的法难之后，密宗在中国消失，倒是流去了日本。中国的地理及社会背景，无法严格地要求戒律的遵行，所以律宗也是若存若殁地苟延残喘而已。最盛的是禅宗，以致禅宗的六祖惠能之下，又分出了五家宗派。五家之中以临济及曹洞二派发展得最盛最久，今日的中国僧尼，几乎全部是出于这两家的法脉。至于讲说教理方面，仅有天台与华严勉强维持而已。到了宋明之际，中国出了几位主张禅净双修的高僧如永明延寿（唐哀帝天佑二年至宋太宗太平兴国元年），所以晚近的中国佛教，除了念佛与参禅，几乎就没有别的事情可做了。[①]

自清末民初以来，由于流落在日本的许多典籍，陆续地被请回了中国。三论、唯识、律宗、密宗等，在中国已有了复活的现象，只可惜中国佛教近数百年缺乏教育，不培植人才。这一复活的机运，能否开发出来，尚待努力之中！

除了中国，佛教在今日的世界各地，也都有着许多宗派。

南传上座部的泰国佛教，分有大宗派及法宗派。

藏地的密教区，分为格鲁、宁玛、噶举、萨迦等。

日本的佛教，大致上与中国相似，而以净土真宗及日莲宗为日本佛教的特色。近人印顺法师对日本佛教曾作如此评语："日本式的佛教，不是佛教化的家庭，是家庭化的佛教。不是在家佛教，而是变了质的出家佛教。"（《海潮音》三十四卷七月号《建设在家佛教的方针》）这就是日本佛教

---

① 禅宗的五家七宗的派别，不是理论的，乃就吾人所禀自然之理解，对禅所发挥之态度而言耳。故性质温和者其言和，性质烈者其言峻，因其发言之和峻，禅风因之而变，其禅风之相异，即禅之派别相异。故禅宗之派别在教理的区别上不若华严、天台之明晰也。

的特色。

最后，我要总结一句：佛教的分宗分派，是属于支节的分门别类，而不是根本思想的左右出入。正因如此，不久的将来，当可见到统一的佛教，在世界上出现。

55

唯识就是唯心吗？

不是。唯识论虽以精神为主，但不否定物质，也不否定客观的现象，如要否定，那就一空到底，连“识”也无从可唯了。

其实，若从哲学上讲，除了唯物论，几乎多可纳入唯心论的范围。比如培根、洛克、休谟等，算是主观的唯心论，黑格尔算是客观的唯心论，康德算是意志的唯心论，詹姆斯算是经验的唯心论，博格森算是直觉的唯心论，罗素算是存疑的唯心论。

总之，不论是哪一种的唯心论，总要立出一个标本，作为他们立论的基础。有了一个标本的偶像，就难免不犯以偏概全的错误。存疑的唯心论是比较开明的，但他们不能指出一个究竟的归路，仍不免令人有彷徨之感。

至于佛教的唯识论呢，虽讲“三界唯识”，三界之内的万事万物，均由八识所变，一切的物象——器界，均是八识的相分——现行，但是并不否定自我而外的一切众生。三界唯识，是说三界之内的一切现象，是由三界的众生各自的八识共同所变。也就是三界众生的共业所变，这里所称的八识，不仅是指的当下的心识，而且包括了无始以来的业力所熏的心识。由于业识的现行，便成了八识的相分，成了三界的现象，成了我们所处的世界。我们的世界，物质是由同界所有众生的八识所变，众生的相互为缘，也是由于同界众生的八识互变。

唯识论的宇宙观，称为“赖耶缘起”，赖耶识是第八识的梵文音译，意思是藏识，能够含藏一切业种。当业种现行而感得的果报，便是唯识变现，这是从本体上着眼的。若从现象上着眼，便可称为业感缘起，因为，八识所变的果报——现象，实在是由于各自所造的业力而来。若从方法上着眼，不管是赖耶缘起也好，业感缘起也好，都不出乎“缘生”的原则，唯有众缘和合，才有现象成立的可能。所以佛教的基本原则，是缘生论。佛教的最终目的是一个“空”字，因为不用标立任何形而上的偶像，所以不会落于以偏概全的泥沼，因为由缘生而归结于性空——我固空了，法也空了，所以不会令人有彷徨莫措之感。一般的哲学家，我字都空不了，法（形上的标本偶像）字，当然更加无从空起了。如果他们一旦真把他们自我执取的标本空去了，他们便会失去自己的立足之地而成为无依的游魂！

所以，佛教的唯识论，绝不是哲学的唯心论能够相拟相比的。

56

禅宗就是禅定吗?

不是。禅宗和禅定是有分别的，禅宗固然主张参禅习定，但是禅定，却未必就是佛教的禅宗。

“禅宗”一名，是在中国创立的。在佛陀的时代，并没有禅宗一名，而只有禅的功夫和禅的内容。佛教的解脱道的修持法，是以戒为起步，以定为重心，以慧为目的。戒、定、慧，称为“三无漏学”，三者缺一不可，三者相互关联，相互助长，成一螺旋形的状态——由戒生定，由定发慧，由慧起修——直向解脱之道上升。其中的定，就是禅定。

事实上，中国的禅宗，乃是重于悟而不重于定的。

同时，定的种类也有很多，有佛教的出世间定，称为“灭尽（了烦恼的）定”，有外道凡夫乃至畜类的世间定，那就是通常所称的“四禅八定”。四禅八定，也是佛教出世定的过程。唯因外道修世间定是以生天为目的，佛教修世间定，是以进入出世间定为目的，所以外道称为世间禅，佛教称为根本净禅。

在佛教的禅定中，也分有小乘禅与大乘禅。小乘禅是以解脱生死为目的。大乘禅是以艺术化的生活为目的，比如中国的禅宗，以为担柴挑水都是禅，吃饭睡觉也是定，是重于精神的宁静不动，而不执着肉体的枯坐守寂。

再说，禅与定，乃是梵语禅那（Dhyāna）的音义合璧，是“静虑”的意思，故也可以翻译为定。不过，“禅定”两字，尚有区别，禅是色界的心境，所以色界称为“四禅天”；定是心统一境，在欲界也可有之，到了无色界的四无色定有之，出了三界的出世间定，仍然有之。所以，禅的范围小，定的范围大，禅也是定的一种。但是，也有将出世间定称为“出世间上上禅”，把低级的外道定称为“野狐禅”。①

定的名称，在梵语中，除了三昧，尚有七名：三摩地、三摩钵底、三摩呬多、驮那演那、奢摩他、现法安乐、质多

① 宗密禅师，《禅源诸诠集都序》曰：“故三乘学人，欲求圣道必须修禅，离此无门，离此无路，至于念佛求生净土，亦须修十六禅观，及念佛三昧，般舟三昧。”“禅则有浅有深，阶级殊等，谓带异计，欣上厌下而修者，是外道禅。正信因果，亦以欣厌而修者，是凡夫禅。悟我空偏真之理而修者，是小乘禅。悟我法二空所显真理而修者，是大乘禅。若顿悟自心本来清净元无烦恼，无漏智性，本自具足，此心即佛，毕竟无异，依此而修者，是最上乘禅，亦名如来清净禅，亦名一行三昧，亦名真如三昧。”

医迦阿羯罗多等。正因为定境通于凡圣，致有印度人，认为男女性交，也叫三摩钵底——雌雄等至，因那时也有心意集中，淫乐遍身，类似定心的现象。至于那些说什么性命双修啦，身心双修啦，就是想从男女的淫乐中修定。修定的意义，被附会混杂到如此的猥亵下流，也真可悲可怜！但是，这也告诉了我们，印度对于定的意义是看得非常广泛的，这与中国禅宗的本旨，何止相去天渊！

因禅定未必就是禅宗，所以世界各宗教，凡是有神秘效验的，无非是从禅定的功夫而来。不论他们是用持咒也好、祈祷也好、礼拜也好、诵经也好，所得的结果，多是禅定的作用。

所以，凡夫乃至畜类如狐，只要用着了心止一境的定功，便会产生或大或小的神秘效验——神通，但那并非是佛教的禅宗。佛教的禅宗，倒是反而不主张神通的。

57

什么叫作顿与渐?

顿渐的问题，许多人都会误解，总以为顿教的法门与渐教的法门，是截然不同的两种修行法。许多贪图便宜的人，也都偏爱顿教而妄斥渐教。大家都知道，禅宗是主张顿悟的，是主张不立文字直指心源的，是主张前念迷是众生，后念悟即是佛的。除了禅宗之外，没有一个宗派，能像如此直截了当而开门见山的了，所以禅宗的许多人，往往要批评学渐教的人，是知解宗徒。

其实，顿渐两种法门，乃是一体的两面：顿是由渐而顿，渐是因顿而渐；没有渐，绝没有顿，有了顿，必先有渐；渐是顿的成因，顿是渐的结果。

这个问题，我在1958年，就已有了这样的见解："所谓顿悟，乃是最后一念的点破，或最后一缘的成熟……就如一个孵了二十来天的鸡蛋，如因小鸡无力挣开蛋壳，经母鸡轻轻用嘴一啄，小鸡便会脱然而生，并且生机盎然，但这母鸡的一啄，也是最后一缘的助成。同样的，我们学佛，因为往昔生中的根机深厚，所以生到现世，只要偶受一个禅门所说的机锋，便可一念点破，而顿超悟入凡上的圣域。那么所谓顿悟，也没有什么神秘可言了。”

因此，若从佛的果位上看众生，一切众生皆有如来智慧德相，皆有成佛的可能，所以佛视众生等同于佛，这是顿教；若从众生位上看佛，众生虽可成佛，众生成佛必须经五十二个阶位的长期修行，才能到达佛位，这就是渐教。到了渐修的圆满，佛的果位，亦必顿然显现——菩提树下成等正觉。

反过来说，顿也是渐的开始，渐乃是顿的实践，顿是渐的启发，渐是顿的延续。

因为，中国禅宗所称的顿悟，是指顿时悟到佛的知见——《法华经》把佛的知见的证得，分成两面的四阶，称为“开、示、悟、入”。开与示的工作，是由佛陀担任的、对众生做的，将众生本有的佛性之库藏打开来，指示给众生，称为“开示”。悟与入是由众生自己做的，众生明白了自性本来可以成佛，这就是悟，悟后如法修持，才能进入佛的知见之门。若以阶位衡量，悟佛知见，是在未登初地的凡位菩萨，入佛知见，是在登了初地以上的圣位菩萨。因为唯有初地以上，才能一分一分地断无明，一分一分地证觉性。初地以前，都是准备功夫。

可见，顿悟是悟的理体法性或佛性，顿悟并不就等于成佛；渐修是修的事相功德，唯有积于渐修，才能真的成佛——理以顿悟，事以渐修——顿渐问题的又一答案。禅宗的顿，就是这样的一个范型。

不过，这是站在教义解释的立场而说，若照中国禅宗的本身来说，又并不如此，因为中国禅宗所说的顿悟，乃是不落阶位的。顿悟就是顿悟，与渐修几乎没有关系，而以为顿悟之际，当下便是本来如此的真如实性。但这终究不是一般人能够做得到的。

禅宗以为在参究用功到了得力之时，虽不能即刻进入初地菩萨的圣位，但在顿悟的当时，能使第六、第七识的功用暂时停伏，不落昏沉、散乱、无记的状态。唯是明明了了的现量（本来如此的）心现起，好像在乌云覆盖之下，突然烟消云散一见万里无云的景色，虽仅有极短时间的实证（真如实性的）经验。刹那之后，又被无明烦恼的乌云把那景色遮了起来，但他确已见过一下本来如此的真如实性了，比起从未见过的人来说，当然是大大的不同。这就是禅宗所讲的顿悟，唯其悟后仍得用功再修，因其虽已印到了佛心，福慧资粮——成佛的资本，尚未具足哩！

58

最好修学哪一宗?

在前面已经说过，佛教的各宗各派，都是由于学佛者的根性及时代环境的不同而产生。所以如果站在佛教的根本立场上说，宗派是多余的。如果执一非全，那不唯是学佛者个人的损失，更是整个佛教的不幸。正像浙江的宁波人喜欢吃臭，湖南人喜欢吃辣，山东人喜欢吃辛，山西人喜欢吃酸，那么你说，究竟哪种该吃，哪种不该吃呢?

佛教的内容，无所不包，虽不即是科学，但不违背科学；虽不即是哲学，但却超乎哲学；虽不即是文学，但却确有文学；虽不即是美学，但已创化了美学；虽不即是宗教，但也不缺宗教的素质。

因此，我们修学佛法，最好是选择近于自己根性或兴趣的，作为入门的方便。在中国的大乘八宗之中，唯识近于科学，三论近于哲学，华严及天台近于文学，真言及净土近于美学，禅宗是佛法的重心。太虚大师说："中国佛教的特质在禅"，任何一宗，均可汇归禅的精神；至于律宗，乃是整个佛教的基础，所以严格地讲，律宗不该自成一宗，律宗应该遍属于各宗，至于宗教的素质，乃是各宗皆备的。

自晚唐以来的中国佛教，禅宗特盛，继而禅净合一。晚近，禅宗出了寄禅及虚云，净宗出了印光，律宗出了弘一，天台出了谛闲，华严出了月霞，唯识出了欧阳竟无（渐）。但从大致上说，在民间仍以禅净二脉的影响力较大，在学术界则以唯识的影响力较大。密宗虽也盛行，但是非常混乱。

最值一提的是太虚大师及其门下，他们不再拘泥于某宗某派，而是直从佛法的根本精神上统看各宗各派，打破门户界限，还归各宗的本来地位。太虚大师以三大系，统摄大乘各宗派，那就是：法相唯识宗、法性空慧宗、法界圆觉宗。因此，除了唯识及三论两宗各成一系之外，其余各宗，均归法界圆觉宗所摄。到了太虚大师的学生，近人印顺法师，又将大乘三大系更动了一下，称为：性空唯名论、虚妄唯识论、真常唯心论。太虚大师以法界圆觉为最圆满，印顺法师则以性空唯名为最究竟。前者一生推崇《大乘起信论》及《楞严经》，后者宗本《阿含》教义，贯透《般若》空的思想，人家说他是三论宗。他却否认此说，因为中国的三论宗已经渗入了中国的思想，而非印度空宗的原来色彩。

事实上，不管你叫它什么名字或放在什么地方，玫瑰花总是一样地香。古今诸大德的左判右摄，乃是为了使人更加明白佛法的内容和研究的系统与方法。若要修学，凡是走上了路，“法法皆通涅槃城”。因为，佛法只有浅深扁圆之别，而没有好坏是非之分；浅的是深的基础，深的是浅的进展，扁的是圆的部分，圆的是扁的全体。然而从研究上说，必须脉络分明，所以要左判右摄。

不过，到此为止，我们应该注意，中国的大乘八宗，已经归纳成了三宗。八宗的门户，应该不复存在，乃至大小乘的界限，也当一律铲除，俾使整个佛教，重归统一。如果尚有什么人要做某宗某派的孤臣孽子，希望成为某宗某派的第几代祖师，那是没有必要的事了。事实上，历代高僧，未必就是某宗某派的第几代祖师，徒有法卷授受的所谓“嗣法门人”，也未必就是有证悟的高僧。至于大乘与小乘之分，也根本不受南传上座部佛教的欢迎。中国人说他们是小乘，他们也会说大乘非佛教，这种分河饮水而彼此轻视的局面，谁说是合理的呢？

当然，对于一个初进佛门或将进佛门的人来说，起步点的选择是必需的。以我的看法，初出家的比丘及比丘尼，应该先学僧尼律仪，但却不必就入律宗。晚年学佛的在家居士，应该专心念佛，但却不必就入净土宗，也不必就是念的西方阿弥陀佛——尚有兜率内院的弥勒佛、东方的药师佛与阿閦佛等。如果是以学术思想的态度来亲近佛教，那么般若空及唯识有的两大系，都是最富发掘价值的宝藏。

以修学的行程来说，可以分为两种：一是难行道，一是易行道。难行道是指自初发菩提心起，生生世世行菩萨道，生生世世牺牲自己而成全众生。那是靠着所发的愿力，维持住一生又一生的救世工作，这是非常艰难的行门。如果愿力不够坚强，往往会在再三再四的挫折之中退心，但是这一行门的行程，却比易行道来得快速，要比修学易行道更早达到成佛的目的。易行道是指借着诸佛愿力所成的净土，长养各自的慧业。也就是以凡夫的身份往生佛国，在佛国的环境之中培养慧业，到了“不退”的程度，乃至到了圣位的境界，再入凡界行菩萨道而广度众生，所以，这是比较安全而稳当的，却是迂曲而缓慢的。

一般没有自信或信愿不够坚决的人，最好是修学易行道。易行道的宗教价值及其作用，可以说与基督教的求生天国，有着异曲同工之效。虽然两者的内容不可相提并论，但其强调“信”的力量则几乎一致。再说，基督教讲“信、望、爱”，佛教则强调“信、愿、行”鼎足而三的功能。所不同的，佛教是以众生的本身为主，基督教则以上帝为主。基督教的出发点及其目的，无非是为了上帝的权威、服从上帝的权威、依赖上帝的权威。佛教则为以众生自己的力量感通诸佛而期进入佛土，与佛同处，所以，除了死心塌地的信，还需要与佛的愿力相应（不是如基督教所说的“宠爱”)，才能往生佛国。诸佛的愿力有“通”与“别”两种：（1）通愿是诸佛共通皆有的，那就是：“众生无边誓愿度，烦恼无尽誓愿断，法门无量誓愿学，佛道无上誓愿成。”通常称这为“四弘誓愿”；（2）别愿是诸佛个别成就的愿力，比如阿弥陀佛的四十八愿、药师佛的十二大愿。唯有我们也发了诸佛的通愿，才有进入诸佛国土的希望，也唯有能与某佛的别愿相应了，才有生到某佛国土的可能。这一点，在今日以念佛而求往生佛国净土的人们，几乎很少注意。同时，当我们修学净土行的易行道时，必须要把内心的至诚恳切，表现到生活的言行上来。净土的众生是“身、口、意”三业清净的，我们凡夫虽不能做到绝对清净，也当尽量使自己的身心净化，净化的德目便是五戒十善。如果内心向往净土，行为不求净化，那对临终往生佛国的希望，也是很有疑问的。

佛教的本质是崇尚智慧的，但从宗教的立场来说，与其说智慧是入佛的方法，倒不如说智慧是修学佛法的目的。固然有人是从知解而信仰而实践，但也有着更多人的信佛学佛并没有经过知解（教义）的考验，但由信愿行的实践，也可以达到应达的目的。信愿行的本身，却不一定要有慧解的支持，因此，不懂教义或者不能接受教义的人们，同样可以信佛学佛。他们虽然不懂教义，却也同样能够得到宗教信仰的实益，比如净土的行者，虽是上中下三根兼备，虽不乏饱学之士，但从大体上说，净土行的修学，则近似这一类型。再如中国的禅宗，主张“不立文字”，主张“言思路绝，心行处灭”，他们不需要繁复的知识，因他们能从笃行之中，自然见到慧光，那就叫作开悟。正因如此，禅宗也就最适合中国人“不求甚解”而崇实惠的口味，但这否定了知解葛藤以后的信仰，绝不等于可笑的迷信，故禅宗高僧的语录，无一字不是智慧的结晶。

所以，禅净二门，最受千百年来中国人的欢迎。因为这是不必要高深的理解知能作为入门的先决条件，但也因此而引生了若干的流弊，使部分根浅障重的学者，流于愚昧痴迷、盲修瞎炼、执己非他而不自知！

59

佛教徒对于全部佛经的态度是怎样的呢?

佛教的大小乘经典，非常之多。至于佛经之有大规模的文字结集记载，是在佛灭度后数百年间的事。虽从律部中可以看到，佛陀时代已有了成文的经卷，例如《根本说一切有部律》卷四十四、卷四十八、《杂事》卷四、《药事》卷三，已有读经写经的记载，唯其为数很少。初期的佛经，多半是靠口头传诵的。由于印度自古以来对于圣书都靠师弟口传（最早婆罗门教的《吠陀》圣典，根本忌用文字记录），所以养成了印度民族强记的习惯与能力。一个学者熟背数十万颂，乃是平常事，即至今日的缅甸比丘之中，仍有通背三藏教典的三藏法师。正如胡适所说："那些印度和尚真有点奇怪，摇头一背书，就是两三万偈。"

但是，多靠师弟诵传的方法将佛经流传下来，就不能保证没有讹误的情形了。而且，印度民族从师承相传的习惯中，养成了对于师承的绝对信心，因此，时间久了，对于同一桩事物，就有好多种传说的不同，各传各的，各信各的，互不相妨碍。因此而可能把一些印度古文化中的各种传说，也在不知不觉中加以利用而成了佛典内容的一部分。尤其是历史性的考证工作，对于印度民族是从来不重要的。所以在佛经之中有着许多互相出入矛盾乃至时间倒置的记载，尤其关于论典的部分（佛教有经律论等三藏，经律的性质相似基督教的《新约》《旧约》，论典的性质相当于基督教的神学书），因为多半是出于各派论师的撰著，不同的见解更多。

因此，一个正信的佛教徒，对于佛经，应该具有极崇高的虔敬，但却不必要求毫不拣择地字字接受。佛教的正法，应向佛经之中探求，对于佛经的记载，却可保留各自的审察态度（是指如有审察能力的话）。

但从大致上说，流行于现世且有史实可考的佛经，都是值得人们去信受奉行的。因为各经的主要思想都是正确的，偶或有些名相数字见解及传说等的出入，也是枝节问题，而非根本问题。故对一般的人来说，不得怀疑佛经的可靠性与真实性。佛教虽然主张人人皆可直接去理解佛法，如若遇到理解不透的所在，最好请教有素养的法师，断不可自行妄断佛经的义理。因为有许多属于境界上的名词及观念，若非多看佛经或自己没有实践的体验工夫，便不容易通透得过。

佛教的经典很多，中国翻译了一千年，也不能确知究竟译出了几万卷。现存的佛典连同中国人的注释讲述在内，还足足有三千多部一万五千多卷（日本、藏传、南传所传集的还不在其内），所以，直到现在尚无法确切地列出哪些是最主要的经典来。如果要看佛经，对一个初阅读佛经的人来说，佛法概论及佛教史等的入门书籍是必须看的。入门性的书籍，会告诉我们进一步的工作是什么。本文仅作通俗性及一般性的皮相介绍，至于更进一步的研究指导，不是本文的范围了。

60

佛教的典籍真是难懂难读的吗？

这个问题应当分作两面来讲：一面是否定的，一面又是肯定的。

现在的一般年轻人，都在诅咒佛教典籍的难懂难读，那是由于他们看的佛书太少，同时也没有看到大部的佛经，比如《大般若经》《大涅槃经》《华严经》《法华经》《维摩经》等。至于《阿含经》，看的人就更加少了。其实，如果真想看佛经，应该先由《阿含经》看起，接着看《法华经》《华严经》《涅槃经》《般若经》。

佛经的特长是以故事体裁的文学笔触，写出佛教的思想与境界——善用形象的描写及比喻来表达抽象的形上理境。所以，胡适以为佛经的翻译作品，要比中国的古文——骈体文率真得多。他说："因佛教的经典重在传真，重在正确，而不重在辞藻文采；重在读者易解，而不重在古雅。故译经大师以‘不加文饰，令易晓，不失本义’相勉。”又说：“鸠摩罗什译出的经，最重要的是《大品般若》，而最流行又最有文学影响的却要算《金刚》《法华》《维摩》三部。”胡适尤其推崇《维摩经》，说它是“半小说、半戏剧的作品，译出之后，在文学界与美术界的影响最大”。又说：“《法华经》虽不是小说，却是一部富于文学趣味的书。其中几个寓言，可算是世界文学中最美的寓言，在中国文学上也曾发生不小影响。”又说：“《佛所行赞经》，乃是佛教伟大诗人马鸣的杰作，用韵文述佛一生的故事。”“《华严经》末篇《入法界品》占全书1/4以上，写善财童子求法事，过了一城又一城，见了一大师又一大师，遂成一部长篇小说。”我们知道，胡适并不信佛，他对佛法的见解，我们无法苟同，但他是近代中国白话文学运动的开山鼻祖之一，他却以为佛教的经典富有语体文学的崇高价值。那么试问：佛经是否真的难以读懂呢？除非你老早存有成见，否则你当不至于点头说“是”。

然而，如果读到大小乘诸家的论典，那就真的要使你大伤脑筋了，特别是大小有宗的论著，那些陌生名词，那些精密结构，那些深邃思想，若非有了相当高的佛学素养，看了便仿佛是看“天书”。纵然是学佛数十年的老佛教徒，如果不曾有过哲学思考及科学方法的训练，也只能望书兴叹而已。正像一个“武侠小说迷”，突然去读康德与黑格尔的著作，保证他也同样地不得其门而入。那么试问：这样情形的佛典，应该要它呢还是不要呢？

许多人以为基督教的书容易读，其实，如果跑进他们的神学——经院哲学中去看一下，你也会觉得不知其所以然的。

今日的佛教文章难懂的问题，我想那是出于少数人的作风而来，比如有些食古不化的“佛学家”，硬是生吞活咽，患着思想的胃肠机能障碍。他们看书不经过大脑，便将书中的文字，断章取义，东抄西摘，凑成他们自以为是的文章。这样的文章，连他们本人也没有弄明白，到了读者眼下，当然要“不知所云”了。不过，据我的考察，类似的文章，目前已经逐渐地少了，因为那些“博古”而不通今的“佛学家”，已到了自知“退休”的时期。

至于思想性的佛学论著，那是供给研究用的而不是通俗用的，自然不能要求他们写得像《西游记》和《水浒传》一样。虽然近代的日本佛教界，已在试用西方的哲学名词表达佛教思想，但也不能全部西方化，否则便失去了佛教的面貌。

总之，若从传播的方式上说，佛教是绝对赞成文艺化或通俗化的；若从研究其思想的理论上说，佛教是不能不深邃化和精密化的。所以，我们固然要提倡通俗，却不该诅咒难懂。

61

佛教徒禁看异教的书籍吗?

在原则上，不但不禁止，甚至还鼓励。因为佛教相信，佛教的信仰是合乎理性的。凡是信仰佛教并且已对佛法有了相当程度的认识之后，纵然要他改信其他的宗教，也是办不到的。所以，异教的任何宣传，对于一个正信的佛教徒而言，是足够接受考验而无法动摇他的信心的。又因佛教不是独断信仰的宗教，所以不否定异教的应有价值。佛教将化世的法门分为五乘，人天乘便是五乘的基础，是一切法门的共通法门，也是一切宗教与哲学的共通善法。因此，佛教对一切异教的经典书籍，除了那些武断、迷信、不合情理的部分之外，都会给予它们应有的价值肯定。

同时，一个正信的佛教徒，应当也是一个佛法的传布者。对于弘扬佛法的技术来说，为了使得异教徒们改信佛教，或者为了摄化那些正在徘徊于佛教及异教信仰之间的人们皈依佛教，乃是非常重要的。如果不能说出佛教的信仰优胜于其他宗教的信仰，岂能使人心悦诚服地信仰佛教？所以，一个理想的佛教徒，应该要具备若干程度的异教知识。①

当然，对于一个初信佛教的人来说，研究异教的义理是没有必要的。所以佛教主张学佛有余，可以用1/3的时间去看外书，否则，自顾不暇，哪有闲功夫去研读异教的书籍呢？

---

① 《十诵律》卷三十八，佛言："从今为破外道故，诵读外道书。"《根本杂事》卷六，佛说："不应愚痴，少慧不分明者令习外书，自知明慧多闻，强识能摧外道者，方可学习。""当占三时，每于二时佛经，一时习外典。""于日初分及以中后，可读佛经，待至晚时，应披外典。"

62

佛教以为异教徒是罪人吗?

不。佛教虽将一切佛教以外的宗教一律称为“外道”(是指不向内求明心见性而朝外求神鬼的赐予的宗教)。但是，佛教并不否定各宗教的应有价值，佛教将宗教的层次分为五乘，已如上文约略介绍过了。这五乘都是善的，下级的人乘与天乘，虽未解脱生死，然而已行了五戒十善。

依照佛教的尺度衡量，除了佛教之外的一切宗教，都属人天的范围；能为人天的善业而努力，当然不能看作是罪人了。

因此，正信的佛教，虽然自信佛教的宗教价值超胜过其他的宗教，却不歧视其他宗教的宗教价值；能够共同来为人天的善业而建设，岂不是比破坏人间的康乐者，更够资格作为佛教的朋友?

所以，佛教虽然鼓励异教的信徒改宗佛教，佛教却从来不用排他的手段去摧残异教，这在两千五百多年以来的世界史上，可以得到明确的答案。

63

佛教的苦相当于基督教的罪吗?

一般无宗教信仰的学者，的确是作如此观的，他们以为佛教也好，基督教也好，劝人为善，总是一样的。从这劝人为善的基础上，他们就顺理成章地推想到，佛教的苦和基督教的罪，当然也是一样的了。

因为，佛教讲三界的生死是苦海，众生的感受，无非是苦，所以修持的目的，是在脱苦；基督教讲人类都是罪人，是由于人类的第一对祖先——亚当和夏娃，不听上帝的警告，而偷吃了伊甸园的生命和智慧的禁果。所以人类有了生命和智慧，但也得罪了上帝，上帝要罚亚当和夏娃的子子孙孙，都要受苦，这就称为人类由第一代祖先遗传下来的“原罪”。基督徒信仰上帝，原因是上帝派他的独生子耶稣上了十字架，代替“信他的人”赎了罪。

事实上，佛教所讲的苦，与基督教所讲的罪，根本是风马牛不相及的两回事。佛教所讲的苦，是由众生自己的业感报应而来，众生的业感，是由无始的无明覆障而来，纯粹是个人负责的事，与上帝没有关系，与祖先也没有瓜葛。众生由于无明之惑的烦恼，而造生死之业。由于生死之业，而感生死之苦，正在感受生死之苦的生死之间，又因生死而造无明之惑。就这样，由惑造业，由业感苦，因苦生惑，惑、业、苦三者，连成一个生死之流的环状，头尾衔接周而复始，永无了期。因为惑是苦的种子，业是苦的阳光、空气、水，苦才是惑与业的结果，也唯有结果才是真正的感受。佛教要把生死之流，称为“苦趣”或“苦海”，所以要求超越这个生死之流而不受生死的束缚。自由生死、自主生死、不生不死，便是解脱的境界。

不过，佛教求解脱，并不是仅靠佛菩萨的救济。佛菩萨只能教导我们如何解脱，却不能代替我们解脱，这与耶稣代“信他的人”赎罪，根本不能相提并论。因为佛教不承认众生是由上帝的惩罚而得罪，尤其不承认人类祖先的罪会遗传到子孙身上，正像“罪不及妻孥”一样的简单明了；上帝不能代人赎罪，也正像“我吃饭不能使你饱”一样地简单明了。佛教脱苦的基本方法，是戒、定、慧的三无漏学：戒是不应做的不得做，应做的不得不做；定是心的收摄，不使放逸，也不使懈怠；慧是清明的睿智，认清了方向，努力精进。所以，佛教的脱苦，绝不等于基督教的乞怜上帝代为赎罪。

在此顺便一提，许多的人，认为佛教太重视苦，乃是一种偏激的厌世态度，因为人类的生活中，固然有苦，但也有乐，并且可用人为的方法来改进生活的环境，所以认定佛教的看法是错误的。关于这一点，如果站在现实人间当下一生的立场上，佛教并不非要教人承认“有受皆苦”的这一观念不可。佛教讲苦，是从佛陀的悲智观照而得的结论，一般凡夫并不是佛陀，当然不易体察出来。由于境界的高下不同，实在勉强不来。因为，佛是站在生死之流的岸上，来看生死流中的众生乃是唯苦无乐，纵然有乐，也像搔着疥疮杀痒，搔时痒得快活，搔后痛苦即至。

64
佛教相信上帝的存在吗?

“上帝”这个名词的定义，非常广泛，有宗教的上帝，有哲学的上帝，宗教的上帝有好多，哲学的上帝也有好多。总之，站在什么立场看上帝，上帝就会变成什么立场所要求的那个样子。

基督教说中国儒家的天或上帝，就是基督教的上帝，其实，中国儒家的上帝，是泛神哲学的上帝，是只受人爱而不能要求它来爱人的上帝，也是所谓“不可知论者”的上帝；基督教的上帝，却是人格的神，是外于宇宙的创造主，是万能的主宰神。

关于宇宙的起源说，先期的宗教也好，哲学也好，往往是相信神化的。希腊以宙斯为众神之主，罗马以丘比特为众神之主；印度古代的神，很复杂，而且时常变更他们的地位。印度原始神是特尤斯，它与希腊的宙斯及罗马的丘比特是同一语，但在《吠陀》神界最有力的却是婆楼那（司法神），空界的大神是因陀罗（雷神），地界的大神是阿耆尼（火神），地狱神为耶摩王（但它是在天上），所以，印度古代，是近乎多神崇拜的。后来的印度教，对于上帝——创造主，有说是大梵天，有说是大自在天，有说那罗延天，终于结为三位一体的观念，而以大梵天为创造者，那罗延天为保护者，大自在天为破坏者，其实是一神的三种面貌而已。现在的印度教，崇信阿摩、湿婆，乃至佛陀也成了他们的上帝的同义，“胪列上帝之名几达一百左右，此外尚有更多的名称”（周祥光译的《真理之光》二十二页）。①

中国道教的上帝是玉皇，这与儒家的上帝不同，与基督教的上帝不同，与印度教的上帝也不同。若以佛教的天帝观来衡量，道教及回教的上帝同于佛教的忉利天主；基督教的上帝，同于佛教的梵天主；印度教的上帝，同于佛教的大自在天主。忉利天是欲界的第二天，离人间最近，梵天是色界的初禅天，大自在天是色界的最上一天。这不是没有理由的比照，因本文限于篇幅，不能详细分析介绍，如有兴趣，不妨将各教的上帝观拿来跟佛教的三界二十八天的境界相互对照一下，就可一目了然了，那也是很有趣味的工作。

---

① 印度的佛梵相融：“在佛教不但融摄三明之哲理，且将融摄《阿阇婆吠陀》之秘咒，吠檀多之学者，亦将融佛于梵，以释迦为神之化身矣。”（《印度之佛教》二〇七页）

因为各天的天主，都有若干憍慢的习气，对他们的属下臣民，总喜欢说，只有他自己才是独一无二的造物主或主宰神，正像人间的君主，往往喜称自己是“寡人”，除他以外，天下再没有比他更大的君王了。甚至秦始皇自以为“德过三皇，功盖五帝”，他要“四三皇”而“六五帝”，所以自称为始皇帝。这与各天的天主自称是独一无二的造物主的心理，是出于同样的一型，他们甚至还向佛陀吹牛（《杂阿含经》卷四十四第一一九五、一一九六经）。其实，他们何尝真的是宇宙的创造主呢?宇宙根本不可能由某神的一神之力而创造，宇宙乃是由于众生的业力所感，众缘所成。

从这看来，佛教的确承认上帝的存在，但却不相信上帝是宇宙的创造主。

至于哲学上的上帝，根本是出于推想的假设，是一种假定的观念，并非实证的现量，所以，佛教不会相信它们的存在。

也许有些神教要说：上帝有惩恶赏善的权威，佛教徒就不怕上帝吗?

是的，因为佛教徒根本不崇拜上帝，当然也不会怕上帝。佛教徒相信，三界之内的一切善神，包括上帝——二十八个层次的天主在内，他们都会信奉佛法，并且拥护佛法。佛教看他们，好像军事机关的职员看守门的卫兵。卫兵有权能执行门禁的出入，阴谋的坏人，卫兵是要管的，是要盘问的，至于规规矩矩的机关人员，岂会害怕卫兵呢？

佛教不以为上帝有创造万物的能力，也不承认上帝有主宰众生祸福的权威。佛教看上帝，也只是六道众生之一，不过由于他们过去世中所修的福报，而使他们生在天上享乐罢了。纵然上帝会参与人间的祸福事业，那也是由于人类自身业力所感而来。所谓“自助而后人助”，所谓“自侮而后人侮”，就是这个道理。

65

佛教对于中国的贡献是什么？

一些思想褊狭的儒家学者，直到今天，尚在闭起两眼，力竭声嘶地大骂佛教。其实，到了今天的中国文化之中，除了最近进口的舶来品之外，几乎已很少不曾掺入了佛教的色彩。

一、在文学方面

由于佛典的翻译，刺激了中国文学的革命，从诗文的意境到文体的演变，在魏晋南北朝的时代，就已有了新的气象。六朝时代，由于梵文的拼音——华严字母的翻译，启悟了中国文字的反切，由反切产生四声，由四声而把五言与七言诗改进为律绝。中国人向来作文，都主张多读多看，所谓“读破万卷书，下笔如有神”“熟读唐诗三百首，不会作诗也会吟”，因为中国是没有文法可言的国家。但在唐朝时代，却由印度佛典的大量翻译，也将印度的文法输入了中国，比如“八啭声”，即是名词、代名词、动词、助词等。又如佛典中的“六离合释”，就是梵文文法的一种，现代人多以《马氏文通》为中国文法学的鼻祖。其实唐朝时代，中国就已有了文法学，只是未能普遍地为民间运用而已；再如《文心雕龙》是中国文学史上文体及作法——文学批评论的不朽名著，但它的著者刘勰（法名慧地），却是在佛教寺院中成长的，晚年也出了家。他的作品，颇受佛教文学的暗示及鼓励。①

到了唐代以后的文体，多能近于写实而顺畅，乃是受了佛教文学的感染。经隋唐而至宋代，“弹词小说”或“平话”的出现，正是受了佛教所用“变文”的影响。近乎语体的唐宋诗，如白乐天及苏东坡等的诗，是因禅宗的“颂古”以及寒山、拾得所做深入浅出的新诗而来。乃至梁启超先生要说：“中国古诗中的第一长诗《孔雀东南飞》，是受马鸣大师所作《佛所行赞经》的影响。”唐代的禅宗诸大师，创用白话的语录体，说明佛法的要义，因此而有宋明理学家的语录出现，完全是学自禅宗的笔法。明清的小说是由平话及拟平话而来，小说中“有诗为证”的风格，散文之

① 通事舍人刘勰雅为（昭明）太子所重，凡寺塔碑碣，皆其所述（石城石像碑见存），深大同四年求出家，武帝赐名慧地——《佛祖统纪》卷三十七（《大正藏》四十九·三五一页）。

后以韵文作结的形式，以及弹词里的说白与唱文夹杂并用，明明白白是受佛经中“长行”与“偈颂”并用的暗示。由于佛典的翻译，也将中国增加了三万五千多个新语。

二、在艺术方面

魏晋的佛教建筑，一直影响着中国的建筑形态。佛教的建筑，虽不如近世西方的实用，但却由于佛经中叙述天宫及佛国净土的施设，力求艺术化，建筑物的布置、点缀、庄严、雄伟，都是原始印度佛教的特色。又如佛教输入的佛塔建筑，也为中国的建筑史带进了一步，开拓了新的里程。在佛教传入中国之后，也给中国带来了塑像的艺术，在此以前的中国，尚没有塑像的技艺。唐朝的佛教塑像，美丽尽致，曾极一时之盛，数十年前有日本人曾在苏州某寺发现了唐人的塑壁，后得蔡元培申请政府保存。洛阳的龙门、大同的云岗，那些伟大的佛像雕刻，浩大的工程，精湛的技巧，均有飘飘欲仙、栩栩如生之势，那不唯是中国的艺术宝库，也是世界性的艺术伟构。在绘画方面，如敦煌莫高窟的壁画，也享誉世界。正如莫大元先生所说：“云岗石室与敦煌石室、龙门石室，不啻中国北方之三大佛教美术陈列馆。”又说：“后汉以降，佛教输入，中国之美术，遂由贵族美术一变而成为宗教美术，建筑则从宫殿楼台而变为寺院塔婆，绘画雕塑则从君臣肖像而变为佛菩萨像，工艺则从器皿服饰而变为宗教之佛物法器。此种美术形态之延续，自后汉以迄于今……在中国文化史上，实占有极重要之地位。”（见《中国佛教美术》）由于佛教的许多碑碣的保存，也为中国的书法，储蓄了无价的财富，许多名家的字迹，多由佛教的流传而得遍及民间。“鱼山梵呗”，是受了佛教梵音而来的中国音乐。从敦煌石室的发现，知道在冯道的印刷术之前，佛教于隋唐时代，就已有了通俗宣传的刻板印刷品。

三、在科学方面

佛教入汉以前中国虽已有了邓析、惠施、墨子及荀子等类似论理学（名学）的提出，中国之有完整的论理学，却自佛教输入以后的因明学开始。中国从唐朝至明朝，皆是用的一行禅师所定的历法，那是根据印度的天文学而来。

四、在哲学宗教方面

佛教初入中国时，道教对其排斥很大，但到了魏晋时代，讲佛学的引用了老庄，讲老庄的也引用了佛经。从此之后，道教典籍的日益完备，在许多方面都是取材于佛教，比如地狱及阎罗的观念，道教便欣然地接受了，也运用了。在佛教未来之前，中国没有阎罗的印象，到了宋时的全真教，根本就是佛化的道教。由于禅宗的启发，宋元明的儒家——理学的出现，根本就是禅化的儒教，虽由于偏执他们的门户之见而反来抨击佛教，他们却是“坐在禅床上骂禅”；禅宗仅是佛教的一支，宋明的理学家却连对于禅宗的法门也只浅尝半口而不敢深入，唯恐在深入之后，会迷失了他们自己的立场，朱熹看的佛典较多，朱熹就有这样的体验。近世以来的中国思想家中，比如康有为、谭嗣同、章炳麟、梁启超、胡适、梁漱溟等，虽然未必信仰佛教，他们却都受了佛教思想的启发。最近（1964 年 6～8 月）在夏威夷召开的第四届东西方哲学家会议中，中国的东方美，也强调大乘佛教的精神以及佛教所要建立的宗教世界。史家钱穆，对佛教有极高的敬意。哲学家唐君毅，自称受到《圆觉经》等的启发很多。可见佛教对于中国的贡献，过去有了那许多，现在仍然有，未来也将必定有。其实，佛教不唯对中国是如此，对全人类也是如此啊!

五、在民间的风俗方面

中国原有的儒家信仰，是着重于现实人生的建设，无暇推究生前与死后的问题，所以孔子要说：“未知生焉知死?”对于生前死后以及形而上的宇宙本体，都是存而不论，所以要说：“祭神如神在。”纵然讲到善恶的补偿及惩罚问题，也只寄望于各人的后代子孙，所谓“积善之家必有余庆，积不善之家必有余殃”（《易经》），就是说的这样的观念。其实，从现实的史实上看，寄望于子孙的果报是不可靠的。

因此，自从佛教传入之后，“种瓜得瓜，种豆得豆”的因果观，为中国的民间带来了新兴而有力的希望。佛教给我们指出了生死轮回的问题，以及善恶报应的问题，告诉了我们，一切行为均由各自负责，善报属于自己，恶果也属于自己，现生不报，来生必报。这一点，鼓励了人们要积极地去恶；这一观念，对于千百年来的中国民心社会的安定与影响之大且深，实在无法估计。

66

佛教的真理是什么?

《瑜伽真实义品》把真理叫作真实，分为四大类，称为“四种真实”：

（一）世间极成真实——是指随类随俗的常识真实，这又分为两类：一是世间非人类所以为的真实，二是世间人类从自然及习惯中所幻觉的真实。

（二）道理极成真实——是指学术家从研究推演中所得的学理真实，这又分为四类：一是科学家由实验所得的真实，二是哲学家由思辨所得的真实，三是神教者从神契信仰中所得的真实，四是心（定）教者从静坐修养等所得的真实。

（三）烦恼障净智所行真实——是指出世圣者以解脱智所证的真实，这又分为两类：一是小乘圣者声闻及缘觉所证的我空真实，二是大乘圣者所证一分我空的真实。

（四）所知障净智所行真实——是指大乘圣者正遍知觉所证的法空真实，这又分为两类：一是菩萨分证的法空真实，二是佛陀满证的法空真实。

佛教绝不武断，也绝不轻易地否定他人的真理，只是把各种真理，分成了类别与等级，各还各的本来地位，各存各的应有价值。有一种外道的神教，动辄就是抹杀异已者的一切价值，给予一个魔鬼的帽子戴上，佛教绝不会如此的独断。以上所举的四种真实，在佛教徒的心目中，可以承认它们都是真理，只是有着高下轻重的分别而已。

事实上，世间所谓的真理中，常识的真理是最最经不起考验的。古代常识的真理，到了后代，往往就成了笑话；甲地常识的真理，到了乙地，往往竟成了趣谈。至于学者发明的真理，无论从化验中得来也好，从推理中得来也好，从神契的神秘经验中得来也好，从修炼身心调息静坐中得来也好，可能有部分是真理，但总是暂有的、幻有的、局部的、假设的，而不是永恒不变的。

佛教的真理，是我空及法空以后所得的结果。我空了，烦恼障断除；法空了，所知障断除。我空之后即解脱生死，法空之后即不住涅槃。《金刚经》所说“无我相，无人相，无众生相，无寿者相”便是说明我空的境界。“烦恼即菩提

（正觉），生死即涅槃（寂灭）”便是说明法空的境界，非空非有，不落两边的中道妙理，也只有证了法空之后的人才能亲自实证。

佛教的最后真理——证得二空究竟的真理，不在世间法中，已无名言可说。所谓“离名言相，离心缘相”，便是究竟真理，勉强给它标出名目，叫作一真法界或真如理体。但是，佛教的究竟真理，虽然无可名状，它却并未离开世间万象，世间万象的某一象也都是究竟真理的一部分。因此，禅宗惠能大师说：“佛法在世间，不离世间觉，离世觅菩提，恰如求兔角。”佛教的目的讲空，是空去我执的烦恼障及法执的所知障，并不是要否定世间的万象。佛教的真理是在一个“觉”字，唯有自觉才能了生死，唯有自觉觉他才能度众生，唯有觉行圆满才能成佛。

67

和尚、尼姑、居士是什么?

对于和尚、尼姑、居士这三种名称的本意，能够清楚的人，恐怕不会太多，虽然这已是非常通俗的名词。

“和尚”一词，在中国人的观念中，正像出家人的身份一样：“上共君王并座，下与乞丐同行。”既是尊贵的，也是卑贱的。大丛林的一寺之主，称为方丈和尚，该是多么的尊严；乡愚唯恐生儿不育，也给取名叫作和尚，把“和尚”一词，看作阿毛阿狗同例，该是何等的下贱！

和尚是什么意思呢?一般人的解释是“和中最上”，或者是“以和为尚”，因为佛教的出家人，要过“六和敬”的僧团生活，那就是：戒和同修、见和同解、利和同均、身和同住、口和无诤、意和同悦，这又称为“六和合”。所以他们的解释，似乎也有理由。

但是，当我们追根寻源，找出了“和尚”的出发点时，上面这一解释，就要不攻自破了。

“和尚”一词，纯由于西域语言的音转而来。在印度，通称世俗间的博士为“乌邪”，到了于阗国则称“和社”或“和阇”（Khosha），到了中国则译成了“和尚”（见《南海寄归内法传》及《秘藏记本》）。所以在印度的外道也有和尚及和尚尼的叫法（《杂阿含经》卷九第二百五十三、二百五十五经等）。

可见“和尚”一词，并非佛教的专有名词，但在佛教，确有它的根据。佛教的律藏，称剃度师及传戒师为“邬波驮耶”（Upādhyāya），“和阇”一词，就是根据这个而来。“和尚”一词，更是汉文的讹误，最早见于汉文中的，可能是石勒崇信佛图澄而号佛图澄为“大和尚”。

但在律中往往不用和尚，而用“和上”以别于流俗的讹误，因为依照邬波驮耶的原意，应当译为亲教师。也唯有受了比丘戒十年以上，并且熟知比丘及比丘尼的二部大律之后，才有资格为人剃度为人授戒、而被称为邬波驮耶。这既不同于印度俗称博士的乌邪，更不同于中国误传的和尚——老僧是老和尚，小沙弥是小和尚，乃至阿毛阿狗恐怕长不大，也可取名叫和尚。

在佛教的律制中，初出家的，叫作“沙弥”（意思是勤加策励，息恶行慈）；生年满二十岁，受了比丘戒，称为“比丘”（意思是乞士——上乞佛法，下乞饮食。中国人误传为“德比孔丘，故称比丘”，那也是笑话）。受了比丘戒的五年之内，不得做出家同道之师；五年之后，若已通晓戒律，始可以所学的特长做师，称为“轨范师”，梵语叫作“阿阇梨耶”，受人依止，教人习诵；到了十年之后，可做“亲教师”；到了二十年之后，称为“上座”；到了五十年以上，称为“耆宿长老”。

可见，中国对“和尚”一词的运用，实在是不伦不类不合佛制的。

“尼姑”一词，也是中国人的俗称，并不合乎佛制的要求。所谓尼姑，是指佛教的出家女性。

本来，印度以尼（ní）音，代表女性，有尊贵的意思，不限佛教的出家女性所专用。佛教的出家女性，小的叫“沙弥尼”，大的叫“比丘尼”，意思是女沙弥及女比丘。

到了中国，每以未嫁的处女称为姑，故将佛教的沙弥尼及比丘尼称为尼姑，并没有侮辱的意思，所以在《传灯录》中，佛门大德尝以师姑称尼姑。但到明朝陶宗仪的《辍耕录》中，以尼姑列为三姑六婆之一，那就有轻贱的意思了。因此，晚近以来，尼众姊妹们很不愿意人家当面称她们为尼姑。

根据梵文，尼即女音，加上姑字，即成女姑，以文训义，根本不通。女别于男，既有女姑，难道尚有男姑不成？

如果一定要称为姑，那该有个比例：女道士称为道姑，打卦女称卦姑，女比丘当称为佛姑；同时，基督教的女修士，中国人也该称她们为耶姑，否则，就有厚此薄彼之嫌了。

“居士”一词，也非佛教的专有，在中国的《礼记》中就已有了“居士锦带”一语，那是指的为道为艺的处士，含有隐士的意义。

在印度，居士也不是出于佛教所创，梵语称居士为“迦罗越”，不论信不信佛教，凡是居家之士，便可称为居士。

佛教对在家信徒尊称为居士的由来，大概是源于《维摩经》。维摩诘共有四个尊称：《方便品》称为“长者”，《文殊问疾品》称为“上人”及“大士”，《菩萨品》等则称为“居士”。因据罗什、智者、玄奘等大师的解释，维摩诘是东方阿閦佛国的一生补处菩萨，示现在家相化度众生，所以用“居士”一词称在家的佛教徒，也含有尊为大菩萨的意味在内了。

可见，一个名副其实的居士，便该是一位大乘的菩萨，绝不是带有灰色气氛的处士或隐士。

然而在《长阿含经》中，唯将四大种姓的第三种姓吠舍称为“居士”，并将轮王的主藏（财货）大臣，称为“居士宝”，那么居士者，相当于商人、经理或者是实业家了。

68

禅师、律师、法师是什么?

在《有部毗奈耶杂事》卷十三中，比丘分为经师、律师、论师、法师、禅师，一共五类。长于诵经的为经师，长于持律的为律师，长于论义的为论师，长于说法的为法师，长于修禅的为禅师。但在中国的佛教中，经师与论师，未能成为显著的类别，律师、法师及禅师，倒是风行了下来。

禅师，本来是指修禅的比丘，所以，《三德指归》卷一说："修心静虑曰禅师。"但在中国，有两种用法，一是君王对于比丘的褒赏，比如陈宣帝大建元年，尊崇南岳慧思和尚为大禅师；又如唐中宗神龙二年，赐神秀和尚以大通禅师之谥号。另一是后来的禅僧对于前辈称为禅师。到了后来，凡是禅门的比丘，只要略具名气，均被称为禅师了。

律师，是指善解戒律的比丘。学戒、持戒，并且善于解释处理以及解答有关戒律中的各种问题者，才可称为律师。

律师在佛教中的地位，相当于法律学者、法官、大法官。一般的比丘、比丘尼要求持戒不犯，未必通晓全部的律藏。所以，比丘如要做一个名副其实的律师，实在不简单。

法师，是指善于学法并也善于说法的人。这在一般的观念中，以为法师是指比丘，其实不然。佛典中对于法师的运用，非常宽泛，并不限于僧人，比如《法华经·序品》中说："常修梵行，皆为法师。"《三德指归》卷一说："精通经论曰法师。"《因明大疏》上说："言法师者，行法之师也。"又有说以佛法自师并以佛法师人者称为法师。因此，在家的居士也有被称为法师的资格，甚至善于说法的畜类如野干（似狐而小），也对天帝自称为法师。

基于这一理由，道教受了佛教的影响，也称善于符箓的道士为法师；于晚近成立的理教，也受佛教的影响，把他们的教士称为法师，可见，"法师"一词，并不是佛教比丘的专用称谓了。

根据佛制的要求，我以为：佛教的出家人对俗人自称，应一律用比丘（沙弥）或比丘尼（沙弥尼），或用沙门；在家信徒称出家人，一律用阿阇梨（或称师父），居士自称则一律用弟子，不愿者，即仅用姓名，也有用学人自称者，但照经义，那是初、二、三果的圣者；出家人称出家人，长老则用长老，上座则用上座，平辈则互以尊者或亲切一些用某兄某师来称呼对方，佛世的比丘之间，均可称姓道名；比丘对于尼众可以称为姊妹，尼众自称长老上座，可比照比丘的用法，平辈则互以姊妹相称；教外人称比丘及比丘尼，自可由其随俗。如果比丘而确有禅师、律师、法师的资格，当然可以接受教内外的名副其实的称呼，否则，像今天的佛教界，凡是僧尼，不论程度资质的高下，一律被称为法师，实在不合要求。

69

罗汉、菩萨、佛陀是什么？

的确，许多人对于罗汉、菩萨、佛陀的意义，不能明确的了解，甚至信佛多年的佛教徒们，也有捉摸不清之感。

佛教的法门，照北传系统的看法，有大乘与小乘之分，小乘是专修解脱道的，大乘是修菩萨道的。菩萨道是人天道及解脱道的相加，也就是说，解脱生死而仍不离生死，以便随类化度有缘的众生者，便是大乘的菩萨道。

解脱道的最高果位是“阿罗汉”，简称“罗汉”，罗汉是小乘圣人。小乘的最高果位有两种：一是声闻圣者，由于听闻佛法，从佛的言教而修四谛法（苦、集、灭、道）及三十七菩提分而得解脱道的，那就是罗汉；一是生在无佛之世，自修十二因缘法（无明、行、识、名色、六入、触、受、爱、取、有、生、老死）而自悟解脱道，自了生死的，那便称为“缘觉”或“辟支迦佛”。声闻与缘觉，同属于小乘，小乘分为声闻乘与缘觉乘，所以又称小乘为二乘。这二乘是自求了生死，自求入涅槃的，他们绝对厌离人天的生死道，所以不愿再来度众生，不能称为菩萨，也不能成佛。

如果要成佛，必须要行菩萨道，菩萨道的主要法门是六度法（布施——财施、法施、无畏施；持戒——诸恶莫作、众善奉行；忍辱——难忍能忍、难行能行；精进——勇往直前、百折不挠；禅定——心摄一境、不动不摇；智慧——清明朗澈、自照照人），三聚戒（无一净戒不持，无一善法不修，无一众生不度）。从最初发最上心——大菩提心、慈悲心、空慧心，经过三大无数劫，便可达到成佛的目的。大乘的菩萨道，只有菩萨所行，不共小乘，所以称为一乘。

人天道是为生到人间天上而修的善法，小乘道虽不贪恋人天道，也不否定人天道的价值。小乘的解脱道乃是人天善法的升华超拔，人天善法也是菩萨一乘道的根基。因此人乘及天乘的善法——五戒及十善，乃是二乘与一乘的共通善法，故称人天善法为五乘（人、天、声闻、缘觉、菩萨）的共法。

小乘或二乘的解脱道，也是菩萨道的共通法门，菩萨不修解脱道，那便不是菩萨道而仅属于人天道，所以小乘的解脱道称为三乘（声闻、缘觉、菩萨）的共法。

唯有菩萨道，才是大乘或一乘的不共法。

为了便于记忆，现将五乘区别列图如下：

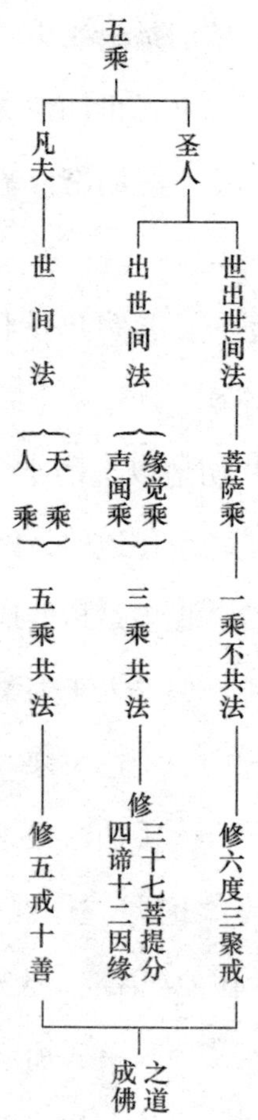

从这一图上，我们便可知道菩萨道，虽称一乘法，但却是三乘共法与五乘共法的汇归于一乘；小乘虽称三乘共法，但却是五乘共法的升华；五乘共法虽冠以五乘二字，其实仅是人乘及天乘阶段的善法而已。（按：以“五乘共法”“三乘共法”“大乘不共法”，统摄一切佛法，开显由人而成佛的正道，乃是太虚大师的创见）

人天乘是世间法，依旧是生死法，仍有生死的漏洞而不能航出生死的苦海，所以又称世间法为“有漏法”；小乘虽是自了汉，但却已是不受生死的出世圣者，故而出世间法又被称为“无漏法”。

菩萨，有凡夫有圣人。菩萨共分十信、十住、十行、十回向、十地的五十加等觉、妙觉两个阶位。十地以前的四十个阶位，全是凡夫，从初地以上的十二个阶位，才是圣人。表中所列的菩萨乘，是指圣位说的，因为佛典中通常称的菩萨，如不标明地前菩萨，也多是指的地上圣位菩萨。

小乘圣者不求成佛，但求入于涅槃，涅槃的境界，从本质上说，大小乘是一样的。不过小乘入于涅槃之后便安住于涅槃了，不再度众生了；大乘的涅槃是虽入涅槃而不即住于涅槃，并以生死也是涅槃的同一体性，所以称为“生死即涅槃”，所以称为“无住处涅槃”，这是大乘圣者的境界。

小乘涅槃，是由断了我执——烦恼障而得，所以小乘的罗汉，若从解脱道的境界上说，相当于大乘的第七地或第八地菩萨。菩萨道的圣者，是由断了法执——所知障及我执——烦恼障的各一分，而亲证真如法性的一分，进入初地阶位。从断烦恼障的程度上说，罗汉同于七地或八地菩萨；从断所知障的程度上说，罗汉仅相当于菩萨的第七信位。因为断烦恼障（我空）即解脱生死，断所知障（法空）即不离生死；解脱生死即入涅槃，不离生死即度众生；解脱是慧业，度生是福业；福慧双修是菩萨业，福慧圆满便是成佛。因此，若从度生的福业上说，罗汉仅同于初发心菩萨的第七个阶位，距离初地菩萨尚有三十三个阶位，在整个成佛之道的全程之中，初地菩萨已经走了1/3（第一无数劫已满），八地菩萨已经走了2/3（第二无数劫已满），十信菩萨尚在即将进入三大无数劫的预备阶段哩！

因此，如果罗汉要想成佛，必须回小乘向大乘，从第七信位上慢慢修起来。但是罗汉入了涅槃之后，短时间内很难回小向大，所以修了小乘道，几乎就跟佛道绝了缘。于是，有的大乘经论，竟将小乘与外道相提并论而大肆贬斥。其实，如照《法华经》的观点，真的阿罗汉，必定能够回小向大，法华会上的诸大比丘、比丘尼，也多是从小乘入大乘的阿罗汉。

回小向大也有两种人：一种是一向修的小乘道，如果再从罗汉位上回入大乘，便得从大乘的七信位上起修大乘法；一种是曾经修过大乘法，后来退入小乘道的罗汉位后再进大乘道，那就要连带他们先前修过的大乘位加起来算了。比如舍利弗在往昔生中，已曾修到第七住的大乘位，后来退入小乘，证到罗汉果后再来进入大乘一样。大致说来，如果先曾修习大乘法，退失之后再入大乘法，一念回心向上，即可进入初住位，或曾经已有深厚的大乘基础，退失之后再入大乘，一念回心，即可证入初地以上的菩萨圣位了。当然，罗汉回小向大，只是福业不够大乘的圣位，他们的慧业——解脱功用，绝不会也连带着退入凡位的。

佛是佛陀的简称，佛陀的果位是菩萨道的究竟位，所以也可将佛陀称为究竟菩萨；佛陀的果位也是解脱道的究竟位，故又可将佛陀称为究竟阿罗汉，阿罗汉有应受人天供养而作人天福田的意思，因此，应供也是佛陀的十大德号之一。佛陀是自觉觉他觉满或无上正遍知觉的意思，菩萨是觉有情——自觉觉他或正遍知觉的意思。小乘的声闻缘觉，也都有正觉或自觉的意思，人天凡夫便是未得正觉的痴呆汉了！现在且将五乘以其所得菩提（觉）的程度别列图如下：

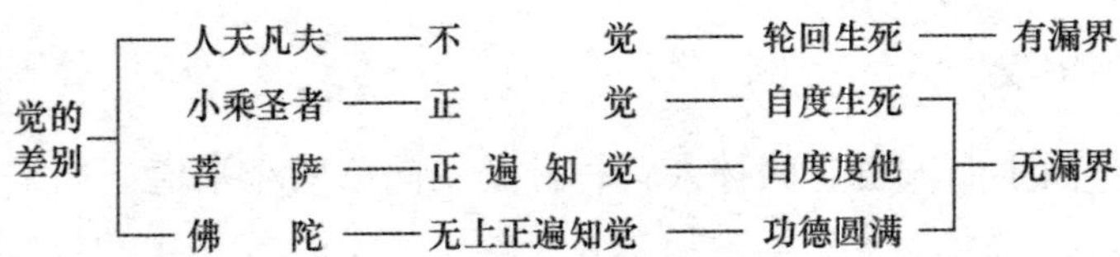

另有一点，在中国传说中有关罗汉的生活形态，必须加以澄清。中国的佛教徒们，由于发现中国的佛教史上，曾有寒山、拾得、丰干、布袋和尚等的诡异奇特；南泉斩猫、归宗断蛇等的大用现前；或有弄船江上，或有吊影崖岛，或有混迹市廛，或有张弓舞叉，或有学女人而戏拜，或有取肥肉而大嚼——禅宗的不存规则的超佛越祖的作风，因此而往往把懒惰肮脏、不修边幅、不守律仪的出家人，称为罗汉型，

视为罗汉化现。中国的佛教绘画及雕塑中，也就把罗汉的圣像，表现得仪态乖张，衣履不整，或者是暴牙咧嘴，面目可憎。①

事实上，我们从小乘经律中所见到的罗汉生活，乃是最重律仪的，只有六群比丘（僧中的捣蛋鬼），才会像中国传说中的罗汉那样。这种歪曲观念如不纠正，实在是对罗汉的大侮辱。

相反地，中国人心目中的菩萨，倒是垂眉低目，璎珞披戴，庄严万状的。其实，菩萨的报身固然是庄严的天人相，菩萨的化身为了随类应化，也随机摄化，往往化成各色各类的身份。所以，中国人说的罗汉型，实在说成化身的菩萨比较妥当。罗汉必是出家的僧尼，僧尼是佛法的住持者，也是佛法的表征者，罗汉不可随随便便，否则即有碍佛教的声誉；菩萨没有固定的身份，目的是开化众生，并不要求众生

---

① （一）康未京兆虾子和上，印心洞山而混迹闽中，沿江岸拾虾蚬以充食，暮卧白马庙纸钱中。五代梁世有布袋和上在四明奉化，其袋中藏有钵杯木屐鱼饭、菜肉瓦石等物。以上均见《佛祖统纪》卷四十二（《大正藏》四十九·三九〇页）。

（二）宋真宗时，婺州沙门志蒙徐氏，衣锦衣，喜食猪头，言人灾祥无不验，呼人为小舅，自号曰徐姐夫，坐化时遗言吾是定光佛。奉其真身，祈祷神应不歇，世目之猪头和上——《佛祖统纪》卷四十四（《大正藏》四十九·四〇三页）。

（三）南北朝时有宝志大士，跣足锦袍，以剪、尺、镜、拂、拄杖、头负之而行，儿童见者哗逐之，或微索酒，或屡日不食，尝遇食鲙鱼者，从求之，食吐水中皆成活鱼。参阅《佛祖统纪》卷三十六（《大正藏》四十九·三四六页）。

知道他是菩萨。菩萨固可以示现福德庄严的天人相，如有必要，往往也化身为外道屠夫乃至魔王，纵然如此，也不至于损及佛法的声誉。

可见，中国的佛徒们，该把这个歪曲的观念纠正过来了。

70

佛教有统一的行政组织吗?

在根本佛教的教团社会，乃是彻底的无政府主义，并没有主从及隶属的分限。大家在佛法的原则之下，人人平等，在佛法的范围之内，人人自主（自由做主）。所以，纵然是创立佛教的释迦世尊，到了将入涅槃时，还对阿难尊者说："如来不言我持于众，我摄于众。"（《长阿含经·游行经之一》）佛陀往往也说："我在僧中。"而不以领袖自居；佛陀自称是"法王"，这个王字是"于法自在"的意思，不是统领的意思。因此，自有佛教开始，佛教就不曾有过政治形态的组织。佛教的僧团，没有上下阶级，无分大小类别，彼此都是一样。凡是四人以上的僧团活动，只要是遵循律制的，便算合法，一律受到尊重。即使甲僧团与乙僧团之间，由于意见不合而形成分裂，那也会受到佛陀的认可，比如在《五分律》卷二十四，佛陀就说："敬待供养，悉应平等，所以者何？譬如真金，断为二段，不得有异。”因其二段都还是真金。从此可知，佛教的基本精神，并不要求层层节制的严密组织。这与基督教的情形，适巧相反，基督教从《旧约》开始，便有着强烈的政治形态及政治意识，严密的组织与极权的统治，乃是基督教会的特色。正因如此，基督教的教会组织，既有深远的历史背景，他们自有超过佛教的统驭能力了。就以基督教新教的现状而言，虽也是派系林立，各不相干，但在同一个派系之下，他们仍有良好的组织。

我们佛教，迄今为止，尚谈不上世界性的教会组织。即使同在一个国家之内，也有派系，各个派系之下，也不统一。尤其是中国的佛教，在历史上虽曾有过“僧官”的设置，但那是政府为了对于僧尼及教产的控制而设，它不是佛教本身的组织。如今虽有一个中国佛教会，下面设有各省各县市的分支会，但它没有实际的行政权，各寺产不属教会所有，各寺的寺职也不由教会调遣。

因此，到1964年底的台湾地区，虽拥有600万人以上信仰佛教，虽已占了全人口的52%，但却不能产生积极的力量，不能大举推进佛教事业的建设计划。反观台湾的天主教徒，只有265000余人，基督教徒也只有293000余人，他们的活动力，从表面看来，竟比佛教还大；本省仅仅4万人的回教徒，也比佛教更能受到政府的重视，原因就在于他们的力量集中，佛教则各行其是。

据世界性的统计，今日世界的各大宗教的人数比例：基督（包括新旧）教占第一位，共有 9 亿信徒；佛教占第二位，共有 6 亿信徒；回教占第三位，共有 4 亿信徒；印度教占第四位，共有 3.8 亿信徒；犹太教占第五位，共有 5000 万信徒（《狮子吼》三卷十期四页）。如果 6 亿佛教徒们团结合作，将为人间带来无限的光明。

在此需要提出一个问题，那就是 1964 年 12 月 14 日“中央日报”地图周刊所载“亚洲佛教”的统计资料，有着很多的不正确性，该刊说，全世界只有 3 亿佛教徒，比世界性的统计少了一半，问题可能出在对中国内地的估计。该刊以为中国内地只有 1 亿人口的佛教徒，仅占内地全人口的 13%，这是很有问题的。同时该刊把印度及锡兰，尤其是锡兰，列为大乘佛教的区域，那更是严重的错误。事实上，即使是越南的佛教，也分有大乘及小乘的两种教化。至于亚洲以外的佛教徒，该刊可能也没有注意到，比如美国，今日已约有 17 万佛教徒，150 座佛寺分布各州了。

佛教不是一个政治形态的组织体系，所以迄今为止，尚未有过梵蒂冈式的统一教会，但已有了一个象征性的“世界佛教徒联谊会”，那是由于中国已故的太虚大师发起而产生的。最早是在 1928 年，当时的太虚大师有两点希望：一是消除大小乘之间的偏执观念，谋求整个佛教的发扬；二是联合各国佛教，增进彼此友谊，促进永久和平。但是这一运动，经过二十二个年头的酝酿，才于1950年6月6日，在锡兰召开第一次代表大会，这个大会的赞助人，包括泰国的国王及僧王、缅甸的总统及僧长、锡兰的首相及僧长、柬埔寨的国王及僧长、越南的僧长、日本的裕仁天皇。当时中国推派正在锡兰讲学的法舫法师代表参加，会中决议每两年召开大会一次，先后曾在锡兰、日本、缅甸、尼泊尔、泰国、金边、印度等地召开了七次大会。然而迄今的世界佛教徒联谊会，虽已有了六十个国家及地区的会员单位，第七次出席大会的却仅有五十三个单位，对整个佛教及全人类的贡献，实在有限。正如它的名目一样，它是“联谊会”，是用来联络彼此友谊的。十四年来的世佛联谊会，所能见到的成绩大约只有两项：一是统一了佛陀的诞日为每年阳历五月的月圆日，那是1956年于尼泊尔召开第三次大会中的决议；二是统一规定采用五色旗为世界佛教的教旗，这是美国的邬克德上校（1832～1907年）所设计，在1952年于日本召开的第二次大会上，由锡兰代表提出而通过，其他的就说不上了。①

① 邬克德（H. S. Olcott）与H. P. Blavatsky夫人同于公元1880年自美国到锡兰纠弹英人之专横而维护佛教。

全球性的佛教行政组织，虽未见于根本佛教的要求，却是今后时代所急需，若想借此联谊会的发展而成为全球佛教的行政组织，恐怕还要努力若干时日哩!